24時間自動集客 売れるオウンドメディアマーケティング

売上10倍も夢ではない日本一やさしい実践書

山田秀平
コピー＆マーケティング㈱
代表取締役

合同フォレスト

まえがき

「お役立ち記事」を読むとサイフを開く理由

「自社ウェブメディア」を小さくスタート→売り上げ10倍に！

多くの企業が集客に悩んでいます。これまで当然のこととして行っていたマス広告（テレビCMや新聞広告など）、インターネット広告、テレアポ型のセールスといった「売り込み型」の手法が通用しなくなってきたからです。

ネットの普及以降、消費者は知りたいことや欲しいものに関する情報を自分で主体的に探すようになりました。新商品情報の入手ルートはテレビや店頭を抑えてネット検索が今や最も多くなっています。

CMは飛ばされる、バナー広告はクリックされない、メールマガジン（メルマガ）は開封すらされずゴミ箱行き――。「広告」と名のつくものはすべて無視する。すでにそんな習慣がユーザーに定着しています。

こんな時代に注目を集めているのが、コンテンツマーケティングです。コンテンツマーケティングは、価値あるコンテンツの制作・発信を通して見込み客のニーズを育成することで購買につなげ、最終的にはファンとして定着させる。そんな流れを目指す一連のマーケティング手法です。

つまり、コンテンツマーケティングの重要なポイントは3つです。

①「価値あるコンテンツ作り」
②「顧客の育成」
③「ファン化」

私は今、中小企業やスタートアップ企業のための「オウンドメディア構築サービス」の会社を経営しています。

オウンド（Owned）は、聞き慣れない英語だとは思いますが、自分が保有しているという意味で、オウンドメディアは、自社が所有するメディア（ホームページやブログ、ウェブマガジン、広報誌やパンフレット、カタログなど）を指します。

私の会社は、こうしたオウンドメディアの企画、立案、立ち上げ運営、そして運用の代行を業務としています。各企業の専門性を生かして、ウエブメディアを構築し、各社年間160本ものお役立ち記事を企画執筆し、サイトにアップしています。サイトを閲覧した方が読んで楽しい記事は人気で、各社ともページビュー（PV）が増加した結果、たくさんのファンを獲得。多くの企業がオウンドメディアを通して自社商品を紹介することで、大きな売り上げを達成しています。

美容や健康の知恵を記事として掲載する美容健康メーカーやEコマース会社、雑貨や食器のお役立ち情報を暮らしの提案として発信する会社、妊娠、出産、育児についての悩みに関する記事を発信するなどさまざまな取引先があります。

本書はその現場体験から、オウンドメディアがまったく初めての人でも分かりやすく、コンテンツマーケティングを始めるための、そして、売り上げを向上させるための方法を書いた本です。

まずは、いっぺんに成果を上げようと欲張らないことです。担当者は他の業務との兼任で構いません。1日1時間、気軽に楽しみながら、まるで〝専門記事ライター〟にでもなったかのような気分を味わってください。そして、クリエイティブな思考を自分のものとし、社外の読者に目を向けてみる――そんなところから始めてみてほしいのです。

コンテンツマーケティングは遅効型です。検索エンジンにヒットするまでには相応の期間を必要とします。まず、検索エンジンのGoogleに有益な情報として認めてもらうには、すぐというわけにはいかないのです。

例えば、開設日が若いと新規参入のサイトだと思われたり、ページ数が少ないと情報量のないサイトだと認識されることもあります。記事をたくさんアップして信用を得ればいいというわけではありませんが、効果が出るまでには約1年の期間が必要です。

しかし、あなたが記事を継続的にアップして、検索したときに上位表示されるようになれば、今度は黙っていてもお客様は勝手にやってきます。まさに、広告費0円で24時間365日働く営業担当者ができるのです。

「1年もかかるの!?」とためらってしまうかもしれません。お気持ちは分かりますが、何もしなければ1年後も今と同じ状況。「3年後には撤退」なんてことになりかねません。であれば、今行動して「売上増大。集客に悩まない」といった1年後を手に入れる方が、会社を堅実に継続できます。

今この瞬間のその決断が、1年後の景色をきっと変えてくれます。


さあ、あなたもオウンドメディアの〝記事ライター〟として、ワクワクした気持ちで仕事に向き合ってみませんか？

悩みや困り事を検索した瞬間、あなたは「見込み客」となる

「ああ、最近ちょっとお腹が出てきたな。何とかしないと……」

ＩＴエンジニアの田中さんは、鏡の前でお腹の肉をつまんで、そうつぶやきました。来月、友人の結婚式のスピーチを頼まれていて、久しぶりに会った皆に「太った」と言われることを心配していたのです。

「痩せる方法はないかなあ……」

田中さんはGoogleにアクセスし、「痩せる方法」と検索しました。そして、検索結果として表示された、エクササイズに関する記事やダイエットサプリ情報を読みあさりました。

このように私たちは日々、何かの「困り事」と向き合って生きており、そこで必ずある1つの行動をします。それはズバリ、検索です。

「お腹が出てきて気になる……」。そんなときは「痩せる方法」「メタボ対策」と検索するはずです。「人間関係が嫌で会社を辞めたい」のであれば、「会社　人間関係」「転職　方法」などと検索するでしょう。

その0・1秒後、検索結果を目にします。検索結果には役に立ちそうな記事のタイトルが並んでいます。私たちは順番にクリックして、そこに書いてある「解決方法」や「有意義な方法」の情報を得ます。

オウンドメディアの最終目的は商品を買わせること

検索して目にする記事は、どこかの企業の「オウンドメディア」に掲載されている「お役立ち記事」であることが多々あります。

記事を読み進めるうち、私たちはその有益な情報を学び、その記事を信じてその通りに、今抱えている問題を解決するための「行動」をするのです。

あなたの企業の「お役立ち記事」を読んだ読者は、有益な情報を学び、抱えている問題を解決するための行動をとります。読者はあなた（企業）を信じ、その後に控えている商品やサービス、そしてあなたの企業そのものと「お付き合い」が始まっていくのです。

さらに、メルマガ登録あるいはLINE公式アカウントで友だち追加をし、有益な情報を受け取ろうとします。そして問題をどんどん解決します。

こうして、あなたの中にオウンドメディアや企業に対する信頼が積み上がっていきます。結果として有料の商品を紹介されたとしても、信用して購入するのです。これがコンテンツマーケティングにおいて、読者が購買行動にまで行きつく行程です。

目次

第2章 給料0円で365日働く営業担当者を作ろう

第3章

読者は「お役立ち記事」を読むとサイフを開く

第4章

寝ていても読者が集まるオウンドメディアの作り方

第5章　どの記事が読者の心に刺さったか検証する

第6章

「お役立ち情報」を読むたびに、読者は買いたくなっていく

第8章 広告費にしがみつかないマーケティング新時代

第1章

広告費をかけるだけでは、顧客は集まらない

広告費をかける前に知っておきたい3つの「M」

企業が商品やサービスを売っていくには、世の中に広く知らしめ、購買意欲をそそらなくてはなりません。そのために広告・宣伝は大きな役割を担っています。

広告・宣伝を考える上では、3つの「M」に留意しなければなりません。

3つの「M」

(1) マーケット（Market ＝ どの市場に向けて）
(2) メディア（Media ＝ どの媒体、どんな面に）
(3) メッセージ（Message ＝ どんな表現で）

この3つのMのうち、(2)のメディアには3つの種類があります。

3つの「メディア（Media）」

①ペイドメディア（Paid Media）

「ペイド」（お金を払う）という言葉からも分かる通り、費用が発生するメディアです。広告・宣伝を行う媒体ともいえます。

既存のマスメディア（テレビ、ラジオ、新聞、雑誌など）に加え、ウェブ上でも展開されます。ユーザーに短期間で接触でき、効果も測りやすいので、出稿企業の意思通りの訴求が可能です。

②アーンドメディア（Earned Media）

ソーシャルメディアなどの外部メディア。SNSとほぼ同じ意味で使われています。自分の商品・サービスを売り込まないで顧客（見込み客）から信頼や知名度を得る目的で使われます。企業のブランディングにも有効です。

③オウンドメディア（Owned Media）

自前のメディアです。自社のホームページ、ブログなど、自社で管理するものはすべてオウンドメディアとよばれます。

一概に「広告を打つ」といっても、これら3つのメディアによって違いが出てきます。

コンテンツマーケティングとは、価値のある有益な記事でユーザーを自社のウェブサイトへ呼び込んでファン化し、商品購入などへとつなげるマーケティング施策のことです。３つのメディアの中でもとりわけ**「オウンドメディア」をうまく使うことが**成功の鍵です。

良い商品を持つ企業ほど売り方が下手

発明家とマーケッターはまったく別の人種です。企業の現場により即していえば、「良い商品」を作り出す人と、その商品を売る人はまったく異なる資質を持っていると言っても過言ではありません。

例えば、iPhone。開発を担当するエンジニアチームは大変優秀で常にイノベーティブな思考をしている人たちに違いありません。ただ、実際にiPhoneを手にするユーザーが相対するのは、現場の販売員です。エンジニアが販売の現場でユーザーと接することはほとんどないでしょう。

開発者のマインドはどちらかというと、発明家に近いことが多いようです。彼らの頭には「良い商品を作れば、必ず売れる」という思い込みがあります。営業の重要性には気付いていないのかもしれません。私の見るところでは、「良い商品を持っている企業ほど売り方が下手」なようです。

日本の経済は成熟型に移行してきているといわれます。そこで求められているのは「高付加価値型」の商品です。箸や爪切りのような日用品から始まって、高付加価値を謳《うた》った商品は市場にあふれています。しかし、それらが必ずしもヒットしているとはいえません。

iPadやiPhoneが初めて登場したとき、日本の技術者の多くは「自分たちにも作れる」と思ったそうです。しかし、現実に日本発の技術革新は起こりませんでした。電子書籍の専用端末で先行していたソニーは、現在では撤退。後発組であるAmazon Kindleがいまだ健在なのとは対照的です。

一方、日本の技術を参考に作った商品が優れたマーケティングやセールスに助けられて世界市場を席巻している例は少なくありません。「技術者発想」で商品を売るには限界があるのです。

「人はものを売りつけられるのは嫌いだが、自ら買うのは大好きだ」――１９６２年に訪問販売で全米トップ・セールスパーソンとなったジグ・ジグラーの格言です。顧客が本当に必要としているものを喜んで買っていただけるようにする。これがプロの仕事でしょう。

やはり、良い商品を作ることと、それらをうまく売ることはまったく別の作業なのです。

売れない広告の３つの「ない」

「広告を打ちさえすれば、ものは売れる」と考えていませんか。現実はそれほど単純ではありません。ユーザーは、企業がお金を出して広告を打っていることを知っています。広告業界では、10年ほど前から次の３つの特性が指摘されています。

①ユーザーになかなか見てもらえない
②信用されない
③行動につながらない

広告のこうした特性は頭に入れておいた方がいいでしょう。広告代理店の営業担当者でも、この点に気づいていない人は結構います。広告を出す前に「誰にどうなってほしいのか」を明確にしておく必要があります。

とはいえ、私は広告の有効性自体を疑っているわけではありません。ただ「メディアを巡る環境が大きく変わりつつある今、旧来の手法に頼るだけでは効果が期待できない」と言いたいだけです。

テクノロジーの進歩とともに、人々が広告に接する機会や時間は増えていくものと考えられます。InstagramやYouTubeを見ている間にも広告は目に飛び込んできます。こうした事態はテレビや新聞、雑誌など従来型メディアが全盛の時代には考えられませんでした。

SNSでの広告の拡大期には競合も少なく、一定の効果が得られました。出稿すればするほど売上が伸びたのです。やがて、どの企業もSNSで広告を打つようになり、企業間の戦いが激化していきました。そうすると、企業の側は多少誇大な表現になったとしても、顧客をつかもうとします（表現が適切ではないかもしれませんが、顧客が広告にだまされるケースも出てきました）。ただし、受け手はどんどん賢くなっていきます。同様の手法ではだまされなくなってくるので、売上は落ちていくわけです。

「見てもらえない」「信用されない」「行動につながらない」傾向は、今後ますます強まっていくでしょう。メディアの特性をよく知った上で、より効果的な広告の活用法を考え、実行していく必要があります。

9割の広告は顧客にリーチしていない

インターネットの普及以来、個々人が受け取る情報量は飛躍的に増えました。あまりに量が多すぎるため、必要な情報が埋もれてしまい、課題解決や意思決定がうまくいかないこともあります。

邪魔者扱いされているのが広告の現実です。予約録画した番組を再生するとき、テレビコマーシャルは飛ばすのが普通でしょう。ウェブや新聞、雑誌でもいちいち手を止めて見る人は少数だと思います。

渋谷や六本木のような繁華街のビルには巨大ビジョンがつきものです。広告映像が流れていることもよくありますが、足を止めて眺める人はまずいません。

何かを売り込もうとするもの、お金が減ることにつながるようなものには警戒心が働き、積極的に見ようとはしません。広告はその代表例といえるでしょう。私の体感ですが、9割の広告は顧客にリーチしていないといっていいのではないでしょうか。

しかし自分にとって必要不可欠なものであれば、反応は違ってくるでしょう。むしろ率先して見てくれるに違いありません。

人の視線が集まるところはすなわち広告の枠につながります。旧来型のメディアに代わって、スマートフォンのアプリやサイト、SNSは今後も視線を集めていくでしょう。その意味では広告枠は増えていき、市場も広がっていくと思われます。一方で、広告を出す側にとっては費用対効果が見合わない事態も増えていくと予想できます。

そんな中、見る側のハートを着実につかんでいる広告もあります。それらに共通するのは、顧客の問題や悩みを解決したり、欲しがっている結果を提供するメッセージを含んでいる点です。

こうした時代背景を踏まえ、顧客と信頼関係を築いていくにはコミュニケーションが重要です。中でも「コンテンツマーケティング」は非常に有効なコミュニケーション手段の1つ」です。

届けるメッセージが間違っている

広告は「売り手の側が言いたいこと」を表現するものではありません。**顧客が聞きたい、読みたい言葉でコミュニケーションを取らないと受け取ってもらえない**のです。

企業が睡眠サプリメントの広告を打つとします。いくら商品に自信があったとしても、「眠れないときに効果的です」と愚直に繰り返すだけでは効果が上がりません。

顧客視点に立ってみてはどうでしょう。「眠れずに毎晩焦っていた私でもぐっすり眠れた」「朝が弱い私でも毎朝爽快に目覚められるようになった」――といった文言が並びます。いずれも顧客が聞きたい、読みたい言葉です。

広告の目的は商品やサービスを売ることにあります。あまりに「売りたい」という意欲が前面に出すぎると、顧客に敬遠されてしまいます。結果として誤ったメッセージを伝えることになりかねません。

私の見るところ、こうした「届けるメッセージが間違っている広告」は決して少なくありません。ターゲット層によっては「何とかして売りたい」と前のめりなメッセージが有効なこともありますが、拡大させていくのは難しいのです。

年商100億円未満の中小広告代理店の例で考えてみます。この規模の代理店では、当たり外れがあります。

営業担当者は広告の「枠」を売るのが仕事です。出稿してくれる企業が見つかり、枠が埋まれば、広告代理店の業務は終わり。クライアントの望む結果が得られるかどうかは二の次、三の次なのです。そんな広告代理店にお任せでは、望むような効果を得るのは難しいでしょう。

本来であれば、広告のプロはクライアントに喜んでもらえたときにこそ手応えを感じなければならないはず。しかし、現実には大半の営業担当者が「成約したときが一番うれしい」と、そこで止まってしまいます。

もちろん、すべての中小代理店がそうだ、と言うつもりはありません。確かに実績を上げている代理店、有能な広告マンがいます。ただし、会社によって千差万別、担当者によって当たり外れがあることを知っておいた方がよいでしょう。

9割の企業は間違ったメディアの使い方をしている

都内在住の山下さん（24歳・女性）は社員数50人の不動産会社に入社。総務兼広報部に配属されました。

ある日、課長から「うちの会社を宣伝しなさい！」と命じられたので、総務兼広報部の仕事と並行してブログ発信を始めてみることにしました。

昨今、山下さんのように他業務を兼任する「コンテンツマーケティング担当者」があちこちで誕生しています。広報部、総務部、あるいは営業、事務と兼任。本部から店長が任されることも多いです。

そんな山下さんをはじめ、兼任担当者の多くがこんなふうに漏らしています。

「発信を続けているのに、集客につながらない……」

これではモチベーションも下がり気味。ついついブログの更新が滞ったりしてしまいます。久しぶりにアクセスした上司から「最近ブログを更新してないじゃないか！」と注意されてしまうこともしばしば。山下さんのような人が今日もあちこちで苦労をしています。

山下さん本人はもちろん、課長もメディアの使い方を間違っています。「山下方式」では効果が出ないのは当然です。**まずはオウンドメディアの正しい使い方を知ることです。その上で地道な努力を続けていけば、いずれ効果が出ることも決して不可能ではありません。**単に精神論や根性論でやみくもに頑張るだけでは駄目なのです。

効果は、実際に見込み客を獲得し、メルマガやLINE公式アカウントへの誘導ができたことで証明されます。登録ページにリンクを貼るのは構いません。ただ、読者に何も与えていない段階で登録や友だち追加を促し、結果に期待するのはナンセンス。かえってファンを減らすことにつながります。読者を誘導するには適切な特典を用意する必要があります（詳しくは後ほど説明します）。

つまり、**情報を読ませて満足させたり、実際に役立ててもらった上で、その文末にメルマガやLINE公式アカウントへの誘導案内を記載する**のです。

ブログには「何をするとどうなる」という解決法や「誰がどうなった」という事象を書いていきます。それによって初めて読者があなたのファンになり、リスト登録をしてくれるのです。正しい使い方をして、効率よくファンをつかんでいきます。

山下さんは、その後、オウンドメディアの読者向けに無料の特典も用意することで、リスト登録者がどんどん増えていったのです。さらには営業担当者のアポイント先も増え、山下さんは営業担当者から大いに感謝されました。課長は社長賞までもらったそうです。山下さんは会社になくてはならないポジションを得ました。

サーチ広告費を毎月４００万円かけても毎月２８０万円の赤字

Yahoo! や Google で検索すると、検索トップに「広告」と書かれたサービスや商品のリンクが貼られているのを見たことはありませんか。これが「サーチ広告」です。検索キーワードに応じて検索結果に表示される広告を指します。検索ユーザーがクリックするごとに課金される PPC（Pay Per Click）広告の一種で、「検索連動型広告」ともよばれています。

「サーチ広告」を出しているA社の実例をご紹介します。A社ではこのサーチ広告に毎月４００万円かけていましたが、売上は１００万円前後、２８０万円の赤字でした。こうした状態にもかかわらず、A社ではサーチ広告を出し続けなければなりませんでした。新規の顧客が入ってこなくなるからです。A社にとってサーチ広告をやめること＝顧客の流れを止める状態になっていたのです。

最初から黒字を見込んでいたわけではありません。広告を打った当初は赤字になることは想定内（3カ月、半年というスパンで回収できればいい）でしたが、結局、期待した売上を上げることができませんでした。

なぜ、こんなことになったのでしょう。理由を探るには、サーチ広告の特性を押さえておく必要があります。A社はサーチ広告を打つことによって、競合相手と「今すぐ客」の取り合いを演じていたのです。

ダイエットサプリを例に考えてみましょう。ダイエットサプリを買う顧客には共通する特徴があります。それは「魔法」をずっと探していることです。「2週間で10キロ痩せられる」――といったキャッチこそ、まさに魔法の呪文です。

こうした顧客は「一瞬で痩せます」式のメッセージにすぐ飛びつきます。魔法を探している層にリーチできれば、一時的に売上は伸びます。しかし、期待した通りの効果が得られるとは限りません。「魔法にかからない」と分かった顧客がリピートすることなどなく、すぐ次の魔法を探し始めます。

この例からも分かるように、ダイエット業界ではロングランの商品がなかなか出にくい構造があります。顧客は魔法を求めていますが、それはどこにも存在しません。次から次へと魔法を探していく以上、人気商品は短期で入れ替わっていきます。本質的に長期にわたって売れ続ける商品を生む環境にはないのです。

サーチ広告の広告費は出稿を始めた初月で回収するのが理想です。遅くとも3カ月程度で何とかしておかないと、中小以下の規模の企業では厳しいでしょう。

サーチ広告による「今すぐ客」の取り合いは典型的な消耗戦。いかにも不毛です。

ここで重要になってくるのがオウンドメディアの活用。顧客の成長ステージに合わせたコンテンツを作り、コミュニケーションを取っていくことです。

ファンを作っていくというコンテンツマーケティングの手法

読者にとって価値あるコンテンツの制作・発信を通して、見込み客のニーズを育てる

⬇

商品を買ってもらう

⬅**最終的に、商品のファンとして定着させることを目指す**
というのが一連のマーケティング手法です。
コンテンツマーケティングでは〝適切な読者〟に〝適切なタイミング〟で〝適切なコンテンツ〟を提供していきます。表現を変えれば、読者の成長ステージに合わせて何を提案していくかが問われます。**対象となるのは、自分が抱えている問題に気づいていない人たち**です。

これに対し、従来型の広告が対象とするのは「今すぐ客」。この人たちは自分の問題を認識しています。「自分はこんなことで悩んでいる。こういうことがあれば、その問題は解決する」と分かっているのです。

例えば、肥満で悩んでいる見込み客がいたとします。この人たちは「自分は太っている」と承知しています。「便秘気味である」という自覚もあります。その上、「便秘が改善すれば、痩せる」と理解しているのです。

こうした顧客に買ってもらうにはどうすればいいでしょうか？　それは、便秘の改善方法として、広告で「どうやら食物繊維がいいらしい」というメッセージを送ることです。一例として食物繊維がたっぷり含まれたお茶を差し出せば、すぐに売れるでしょう。

しかし、中には自分は太っていると認識していない顧客もいます。この場合、問題を教育していかないといけません。こうした人たちがコンテンツマーケティングのターゲットです。

「痩せにくくなっていませんか？」

「年々体重が増えてきていませんか？」

「大きいサイズの服ばかり探すようになっていませんか？」

――そんな問いを繰り返しつつ、「自分も肥満という問題を抱えていたんだ」と教育していかないといけないのです。

読者が属する階層ごとに本来必要なマーケティングを打っていきます。自分の問題に気付いていない人に商品やサービスを売ることはできません。**買ってもらうには、まず問題に気付いてもらう必要があるのです。**

コンテンツマーケティングにおける「コンテンツ」とは「お役立ち記事」と考えてください。まだ自分の問題を認識しきれていない人に届くコンテンツ（「お役立ち記事」）を発信してください。要点は２つ。

■**字数**　決まりはありませんが、だいたい３０００～５０００字くらい。

■**記事の構成**　目次やインデックスが添えられており、読者の読みやすさへの配慮をした記事を書きます。

読者は検索エンジンにキーワードを打ち込んで、結果の中から記事を選んでやってきます。検索に引っかかるには、的確なキーワードが本文に織り込まれている必要があります。すでにお話ししたように、読者は自分が抱えている問題に気づいてはいません。しかし、何らかのキーワードで検索して記事を探す過程で、次第に問題認識が整理されていきます。

インターネットの検索サイト・Googleは擬人化され、「Google先生」とよばれることがあります。ユーザーにとって「知らないことを教えてくれる」存在であることから、先生に例えられたわけです。

このことからも分かるように、ユーザーは検索エンジンに「解決策」「方法」などを求めています。もっと言えば「答えを教えてほしい」「相談したい」といった感情を抱いているのです。検索エンジンはまさに「先生」としての役割を求められています。読者の感情を満たしながら、あるテーマについて過不足なく説明しようとすれば、3000〜5000字程度の文字数が必要になってくるでしょう。

言い方を変えると、コンテンツマーケティングは顧客を対象とする「問題教育」ということもできます。

顧客は自分の抱えている問題を解決するために商品を買います。例えば、室内を清潔にしたいという問題（課題）を解決するために、それに適した商品を購入します。自分の問題を認識していなければ、商品を買おうとは思いません。

ですから、あなたの売る商品が解決策であることを伝える前に、顧客にちゃんと問題を認識してもらうことが重要になってきます。「顧客を教育する」とは「顧客にちゃんと問題を認識してもらう」ことです。

世の中にあるほとんどの商品は「問題解決型」で、一番分かりやすいのが医薬品です。**「自分にとっての問題を解決したい」人を育て、増やしていかない限り、商品が売れることはないのです。**

新婚旅行先であるハワイでの行き先を探していたときのことです。私にとって初めてのハワイ体験でしたので、検索エンジンでいろいろと調べていきました。

すると、あるサイトにたどり着きます。そこには「このショッピングセンターにはこんな珍しいものがある」「このレストランはおすすめ」「ハワイに来た以上、このアクティビティーには絶対に申し込みましょう」といった情報が記事形式で紹介されていました。このとき、私はついついアクティビティーを買ってしまいました。

当時、私は特に、ハワイに新婚旅行に行くこと自体に問題を抱えていたわけではありません。旅行のための情報収集をしていただけです。しかし、検索を続けていく中で「どうせハワイに行くのであれば、最高の思い出を作らないともったいない」と思わせる提案にぶつかりました。

これは顧客を教育するコンテンツマーケティングの成功例の1つです。

let's take a break

電車に交通広告を出したが、問い合わせが1件もなかった

電車の交通広告は日頃目にする機会の多いものです。おなじみの中づり以外にも窓上やドア横、つり革、ステッカーなど、さまざまな種類があります。最近ではデジタルサイネージ（液晶ディスプレーやLEDを用いたデジタル映像機器を使用する情報・広告発信システム）も増えてきました。

以前、私の会社でステッカーの交通広告を出稿したことがあります。費用は500万円程度だと見込んでいましたが、セール中で100万～200万円まで下がっていた時期でした。

1年間ステッカー広告を出し続けましたが、問い合わせはゼロでした。ようやく1件反応があったと思ったら、「貼ってありましたよ」という単なる知人からの報告でした。

今にして思えば、反省点ばかりが目につきます。まず「電車に広告を出せば、売れるだろう」という根拠のない思い込みがありました。あまりに短絡的です。

電車の場合、出稿する前に路線の特徴を押さえておく必要があります。当時の私たちは通勤客の年収をはじめ、プロフィールもまったく調べていませんでした。ステッカーをどこに貼るのかについても何ら考慮せずじまい。私の会社の場合、車両の連結部に近いところに貼られました。つまり、優先席に近いということになります。ここに座っているのは高齢者や妊産婦さんが中心です。商品のターゲットとはまったく接点のない人たちでした。

ほぼ丸腰で戦略・戦術がまったくない中、出稿してしまったわけです。これでは問い合わせがなくても仕方がありません。

本書の冒頭で掲げた3つの「M」をおさらいしておきましょう。

①マーケット（どの市場に向けて広告・宣伝をするのか）

②メディア（どの媒体、どんな面に出稿するのか）

③メッセージ（どんな表現で訴えるのか）

最低でもこの3つくらい検討しておけば、結果も違ったかもしれません。私にとっては貴重な経験となりました。

第2章

給料0円で365日働く営業担当者を作ろう

予算をかけずに集客する方法

コンテンツマーケティングで成功すれば、予算をかけずに集客数を10倍にすることも可能——これはちょっと言い過ぎでしょうか。ただ、集客数を増加することはできます。

顧客ピラミッド

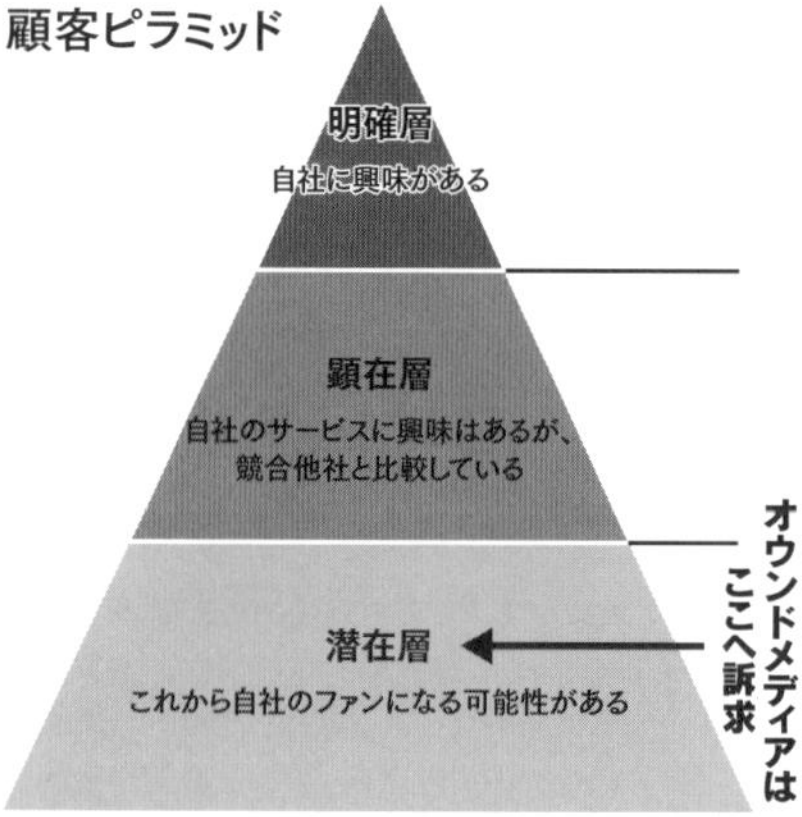
明確層
自社に興味がある
顕在層
自社のサービスに興味はあるが、競合他社と比較している
潜在層
これから自社のファンになる可能性がある
オウンドメディアはここへ訴求

顧客はピラミッド構造で捉えることができます。頂点の数%が「今すぐ客」。優良な顧客となり得る潜在層＝「見込み客」は「裾野」に当たります。あなたの作ったコンテンツが裾野の見込み客にうまく刺されば、10倍の集客も決して不可能ではありません。

多くのオウンドメディアも裾野をターゲットにしています。「まだ興味があるのかどうかも分からない人たち」を対象にし、そうした「見込み客」を将来の顧客に育てていくことを目指しています。

では「見込み客」に刺さるコンテンツを提供するにはどうすればいいでしょうか。まずはリサーチです。オウンドメディアを立ち上げる以前に、徹底したリサーチをしなければなりません。

顧客と良好な関係を築くためには「3C分析」と呼ばれる手法が有効です。「3C」とは次の3つを指します。

3C分析における3つの「C」

①「Customer」＝市場・顧客
②「Competitor」＝競合
③「Company」＝自社

これら3つのCの関係性を明らかにしていくのが「3C分析」です。市場で顧客が何を求めているのか、競合がそれに対してどんなサービスを展開しているのかを調べます。その上で自社がどんな戦略を立てられるのかを検討します。
3C分析の過程では、それぞれのCについて次の点を明確にしていきます。

①「Customer」➡市場や顧客は何を求めているのか
②「Competitor」➡競合は「Customer」のニーズにどう対応しているのか
③「Company」➡「Customer」「Competitor」を踏まえて自社が成功できる要因は何か

ロックバンド・東京事変のボーカリストとしても活動しているシンガーソングライターの椎名林檎さんは、SNSやネット上の巨大掲示板「2ちゃんねる（5ちゃんねる）」で顧客リサーチを行っている、と聞いたことがあります。自分たちの楽曲を聴いているファン層は普段どんな生活をしているのか。それをTwitterや2ちゃんねるで調べているというのです。

コンテンツマーケティングでとりわけ重要なのが「Customer」＝市場・顧客のリサーチと分析です。例えば「まだ資格に興味があるのかどうかも分からない人たち」

とはどんな層なのか。そのプロファイルをできるだけ明確にする必要があります。

ある商品のリサーチを進めてみると、「意外にも30代女性が多かった」という事実が明らかになってきたことがあります。大学卒業以来、会社勤めはしていたものの、結婚や出産を経て、社会に出る機会を逸してしまった。そうした人たちが活躍できるチャンスをつかみたいと考えているのなら、コンテンツマーケティングの対象に十分なり得ます。30代女性が興味を持ちそうなコンテンツを提供し、「見込み客」にアタックできる状況を作り出すのです。そのために、顧客リサーチが重要になります。

検索エンジン・Googleは、寝ている間でも読者を集めてくれる

ウェブ上にお役立ち記事を残しておけば、読者はそれぞれのタイミングでアクセスすることができます。これはコンテンツマーケティングの大きな利点の1つです。

多くのビジネスパーソンは朝から晩まで働き、夜は帰宅してくつろいでいます。週末や祝日は休暇を取るのが普通です。

けれども、読者がこうしたライフサイクルで動いているとは限りません。中には夕方以降や深夜もしくは土日に働き、月～金の9時～5時にくつろいでいる人もいるはずです。営業担当者が9時～5時、月～金で仕事をしている限り、そうした顧客と接点を持つことは不可能です。

近年、マーケティングの現場では、読者のタイミングに合わせたアプローチが求められています。読者が動ける日時に合わせ、問題の教育や商品の提案をするという手法が主流になっています。

では、営業担当者は昼夜逆転で休みなしの生活を送らなければならないのでしょうか。そんなことは決してありません。代わりに活躍してくれる存在、それがお役立ち記事です。

顧客がオウンドメディアの記事と接する際は、時間を問いません。深夜、土日祝日、大型連休、年末年始も無関係です。

大前提として、オウンドメディアは検索エンジン・Googleが作った土俵の上で、Googleが用意する道具立てを使って行います。そのため、Googleが「提供したい」と考えている要素を押さえておく必要があります。一言で言えば、「読者に役立つサイト」です。

顧客がGoogleに何らかのキーワードを打ち込んで検索した際、優れた記事が上がってくれれば、顧客の抱える問題はすぐに解決し、満足度が上がります。Googleはこうした動きを敏感に捉えています。Googleが目指す未来を把握し、それを一緒に追いかける。そんなサイトを作っていく姿勢を忘れずにいたいものです。

「広告」は読まれないけれど、「コンテンツ」は読まれる

顧客がいかに「広告」を信用せず、敬遠しているかについてはすでに触れました。オウンドメディアに載せるコンテンツはできるだけ広告臭のしないものが望ましいということになります。完成された「記事」であることが求められるのです。

広告は「プッシュ（Push）型」のメッセージで、顧客に商品を押して押して、押しまくります。これに対してコンテンツは「プル（Pull）型」の特性を持ち、顧客を引き寄せるものです。

私の知人の50代女性は広告を見て商品を買うことはほぼありません。しかし、週刊誌に載る記事はほぼ全面的に信用します。

「この間、『水素水が体に良い』って出てたのよね」

そんなことをつぶやきながら、すぐに商品を買ってしまいます。広告は読まないものの、記事は読む。それどころか、その記事にひかれて商品を買ってしまうのです。雑誌の裏表紙によくある、いかにもという広告ではなく、健康に良いとされる実験結果なども交えた「記事」という形であったからこそ、この女性は商品を信用するのでしょう。

「無音カメラ」の広告に「うまいな」と思わせるものがありました。

無音カメラのニーズはどこにあるのでしょうか。一般的にはSNSにアップするためにレストランの店内で人気メニューを撮ったり、公共施設や行事の最中に撮影したりするケースが頭に浮かびます。

しかし、あるメーカーは「寝ているお子さんを起こさずにカメラに収めることができます」と打ち出したのです。あるいはバードウォッチングの愛好者向けに「鳥に近づいて撮影できます」とアピールしました。

両者に共通するのは「無音カメラを売りたい」という姿勢ではありません。むしろ、**商品を手にした顧客が何を実現できるのか。**それを知ってもらえれば、結果的に無音カメラが売れていく。そんな循環を生み出す上で、効果的なメッセージです。

無音カメラと聞いて、最初は「盗撮？　いやらしい」と感じた女性たちにも違った使い方を知ってもらい、買ってもらえます。これは単なる広告というより、コンテンツそのものです。

先日、あるクリーニング店のチラシが目にとまりました。チラシですが、これは立派なコンテンツ。私にはそう思えたのです。

そのチラシの本文は「布用消臭剤」を否定していました。消臭剤といえば、最近では除菌や防臭の機能も備え、香りのバリエーションも豊富です。洗濯の代わりに「シュッシュ」する人も増えているようです。

ところが、チラシにはこう書かれていたのです。

「消臭剤は布地についた汚れをコートし、臭いを抑える働きがあります。確かに臭いはしなくなりますが、汚れそのものはしっかり残っているのです。汚れた服をシュッシュして着る。さらにシュッシュしてまた着る。あなたは汚れ物を着ているだけ。そんなことを繰り返しているのです。気持ち悪くなってきませんか？」

そんな事実を指摘したあと、チラシはこう呼びかけます。

「これを機会に、衣類をクリーニングで洗ってみませんか？」

これは効果的だと思います。通常のクリーニング店であれば、例えば「今なら20％オフ」といったセールのお知らせをするのではないでしょうか。これではあまりにありふれていますし、受け手にもピンときません。

海外メーカーの枕の広告も印象に残っています。

「2～3年使った枕の重さの10％はダニの死骸などです。あなたはそんな枕に今夜も顔をつけて眠るのです」

あまりにもショッキングな一文です。頭の中に絵が浮かぶ素晴らしいメッセージだと感じました。誰もが不快になり枕を買い替えるでしょう。

一方、広告主の「売りたい」という意図が先行しているコンテンツは良くありませんし、絶対に売れません。良くないコンテンツは広告主の「売りたい」という意図が先行しているものです。そうした記事にはユーザーが知りたい情報がありません。ただ送り手が書きたいことだけが散りばめられています。

送り手の側は往々にしてそのことに気付いていなかったりします。熱が入るのはいいのですが、独りよがりの記事では何にもなりません。

コンテンツの質だけでなく、**発信媒体にも注意**する必要があります。先ほどのクリーニング店のチラシは確かに優れたコンテンツを掲載しています。しかし、このチラシが店頭にだけ置かれていたらどうでしょうか。わざわざお店にやってきた人の一部しか見ることができません。これではせっかくの優良コンテンツが台無しです。1人でも多くの人に見てもらうには、個々の家のポストに配らなくてはなりません。

発信媒体は対象者の行動範囲にも影響を受けます。クリーニング店の最もコアなユーザー層は主婦。主婦の目につきそうな場所に置いたり、主婦のビューが高そうなサイトに掲載したりする必要があるでしょう。

よりオウンドメディアに引き付けて説明すれば、見込み客が喜びそうなコンテンツを自社で作り上げることに尽きます。

最上のコンテンツマーケティングとは、読者に「ぜひとも売ってほしい」と言わせる状態をもたらします。読者に行列を作らせるといってもいいでしょう。売り手は並んでいる読者に商品を手渡すだけ。しかも、そこで「ありがとう」と感謝されることまであります。

日本コカ・コーラ会長、資生堂社長などを歴任したプロ経営者・魚谷雅彦氏は「結局のところ、マーケティングとは『人の心を動かせるかどうか』に尽きる」「人に喜んでもらえることが嬉しい、これがマーケターです」と述べています。マーケティングに長けた企業は例外なく顧客を育てるのが上手なのです。

エキスパートとしてモノを売る！　専門家ポジションがつくれる

私はコンテンツマーケティングの専門家として、過去に4年かけて10万人のリストを集めました。しかし、この10万人の中で、実際に会ったことのある人は1人もいません。

商品やサービスを人に勧めることを「営業」といいます。営業を個人で担う職業の方なら体験したことがあると思いますが、その行為が時に疎まれることがあります。

「あ、うちは間に合ってますから!」

と、一瞬で電話を切られる。あるいは、

「とっとと帰んな!」

と、飛び込み営業先の相手に名刺を破かれたり……、そんなつらい経験をしたことがあるでしょう。

「営業はつらい……」

そんなふうに感じてしまうのも仕方のないことです。

でも、コンテンツマーケティングは違います。読者はあなたを専門家と認め、興味を持って記事を読みます。しかも「次回の更新はいつかなあ」などと、まるで作家のファンにでもなったように記事更新を待ってくれます。

あなたが自分の専門分野から発信したお役立ち記事が、あなたのポジションを一気に上げてくれるのです。

読者は顧客への階段を昇り、あなたを尊敬したまま、頼りたい気持ちを抱えたままサイフの口を開きます。そしてあなたに「ありがとう」と言いながら、あるいは「いつも読んでます」と言いながら、お金を払ってくれます。

門前払いをされる営業員のポジショニングとは大きな差があります。専門家ポジションが確立することで、顧客の方からあなたを見つけて、コンタクトを取ってきます。わざわざお客を探しに行って、名刺を破かれることとも無縁になるのです。

そういった意味では本来の営業が苦手な方でも、コンテンツマーケティングを学ぶことで、百人力の「営業力」を身に付けられます。

営業が苦手なんだよな……。コンテンツマーケティングは、そんなあなたにこそ向いている「究極の営業法」なのです。

実は私は、とても営業が苦手でした。口下手で、人とコミュニケーションを取るのが得意ではなかったのです。そんな私でも億以上の売上を稼ぎ出すことができました。

今の時代、「何を買うか」「どう買うか」と同じくらい「誰から買うか」も重要な意味を持っています。その意味で「専門家」ポジションは重要です。

同じおにぎりやパンであっても、専門店に置いてあるだけでおいしそうに見える。

そんな経験は誰しもあるのではないでしょうか。

広告と違って、「専門家」には信用されやすい面があります。自ら「専門家」を名乗って、的確な情報発信を続ければ、やがて読者の信頼を勝ち取ることも夢ではありません。ここでいう専門家とは、各分野で読者の悩みを解決する人です。

すぐに成果は見えないが1年後に〝広告費要らず〟に

自社でオウンドメディアを持ち、コンテンツマーケティングを始めたとしましょう。実際にはどのような過程を経て、読者が増えていくのでしょうか。

まずは定期的な記事更新を続けていかなくてはいけません。**少なくとも2～3日に1回は更新する必要があります。**

ただ形だけの更新では意味がありません。**読者のニーズに応える中身のあるもので**なければならないのです。

「あそこのサイトは更新が頻繁だ」

「最新の情報がいつもアップされている」

「専門性もある」

そんな感想を持ってもらえるような発信を継続していく必要があります。

最初のうちは検索しても、それほどヒットすることはないでしょう。ここで諦めてはいけません。地道な更新を続けることです。

半年～10カ月もすれば、検索に引っかかるようになってきます。こうなれば、読者の目に留まるまでそれほど時間はかかりません。この辺から自社のオウンドメディアが「集客できるツール」に生まれ変わっていくのです。

良質なコンテンツを生産し続ければ、やがて検索エンジンに当たりやすくなります。検索エンジンはもともとそういう性質を持っているからです。


ウェブサイトを運営していたある会社の事例を見てみましょう。その会社は毎月広告費に４００万円かけていました。集客の成果は４００人、顧客１人を獲得するのに１万円を費やしている計算になります。

オウンドメディアを立ち上げて以降、集客が８００人になったとします。広告から集めた400人に加え、オウンドメディアで400人を集めたことになります。

この場合、広告費を削減できたわけではありません。ただ、同じ広告費で2倍の集客を実現できたことにはなります。この800人を純粋に広告だけで集めようとすれば、800万円かかる計算です。半分の投資で実現できたとすれば、決して高い買い物ではないといえます。

あなたは「広告費を減らしたい」「できれば、広告を出さずに成果を上げたい」と考えておられるのではないでしょうか。

そのお気持ちはよく分かります。その上で申し上げたいのですが、**オウンドメディアを立ち上げたあとも広告は出し続けるべき**です。

従来型の広告とコンテンツマーケティングにはそれぞれ長所と短所があります。繰り返しになりますが、「今すぐ客」を取りにいくには前者、「潜在層」を顧客に育てていくには後者が有効。両者を並行して補完的に活用していくことで効果を最大限に引き出せるのです。

企業にとって目前の売上を着実に上げていくのは重要なことです。これには従来型の広告が力を発揮します。一方、自社のファンを育て、「一生客」に育てていくことも企業には求められています。これにはコンテンツマーケティングが最適です。

「潜在購買ニーズ」を「顕在化」させる魔法の「部屋」

潜在的に存在する層を将来の顧客に育てていく。これがコンテンツマーケティングの役割です。言い換えれば、オウンドメディアは「潜在購買ニーズ」を「顕在化」させる魔法の「部屋」です。

ここで大事なのが、顧客の成長に合わせた言葉遣いに気を配ること。

先ほどのクリーニング店の例で説明します。「ただ今20％オフ」と最初から打ち出してしまうと、顧客には「売るためのセールストーク」としか映りません。実態はそうではなくても、「売るために何かうまいことを言っている」としか受け止めてもらえなくなります。これでは有益な情報とは言えません。

まずは顧客の問題点について把握しなければなりません。クリーニング店でいえば消臭剤、枕でいえばダニの死骸の問題点を指摘することが大事なのです。

そうした事実を突きつけられたとき、顧客は「常識が破壊された」と感じます。「洗わなくても、消臭剤を使えばきれいになる」「枕は適切なケアをしておけば、いつまでも清潔に使える」――これらは「常識」です。

一般の人たちには広く信じられていますが、実は間違った常識といえます。お役立ち記事を通じて、こうした常識を徐々に破壊していくことで潜在層はだんだん成長していきます。

顧客は成長を続けていくと、やがて問題を深く認識できるようになってきます。同時に「解決したい」という気持ちも強まっていきます。この段階までくると、競合他社に良い商品があれば、そちらに移ってしまう可能性も出てきます。自社の商品にも気を配り、顧客離れを防ぐ努力も必要になってくるでしょう。

let's take a break

なぜ米国のトイザらスとイエローキャブはつぶれたのか？

２０１８年３月、米国の玩具販売大手「トイザらス」が米国内の全店舗（７３５店）の閉鎖を発表。原因として「アマゾンエフェクト」が指摘されました。米国のトイザらスはかつてアマゾンで唯一の玩具販売業者でした。ところが、アマゾンが独自販売を始めると対抗できず、倒産に追い込まれた格好となりました。

スマートフォンやタブレットの登場によって子どもたちのデジタル志向が進み、オンラインで玩具を買いやすい環境が整ってきたことも背景にありました。ただ、それ以上に大きいのはＥコマースの普及、中でもアマゾンの躍進による影響。これがアマゾンエフェクトです。

米国ではリアル店舗まで長時間のドライブを強いられることも珍しくありませんでした。Ｅコマースの普及は人々の暮らしを一変させたのです。

アマゾンでの玩具の売り上げが伸びる一方で、トイザらスは2013年以降、利益を生み出せていませんでした。トイザらスは以前、アマゾンにおける唯一の玩具販売業者として契約を交わしていましたが、トイザらスの公式サイトをクリックすると、アマゾン内のトイザらス専用ページに飛んでいたのです。

この出店でアマゾンは玩具販売のノウハウと顧客データを入手。やがてトイザらスの品揃えが十分ではないことを理由に、他の玩具業者もマーケットプレイスに呼び入れました。

トイザらスはこれに対抗。独自にオンラインショップ「トイザらス・ドット・コム」を立ち上げ、Eコマースを開始します。しかし、このショップは画面の作り、品揃えの両面でアマゾンに後れを取るしかなかったのです。アマゾンはサイトの表示スピードにも徹底してこだわっています。秒単位で向上を図ることで売り上げも維持しているのです。

これは一例にすぎません。2016年にはサンフランシスコ最大のタクシー会社「イエローキャブ」が破産申請を行いました。「Uber」や「Lyft」など、配車サービスとの競争の影響です。

Uber ユーザーのうち、かなりの人はこれまでタクシーを使用したことがないと見られています。つまり、これらのユーザーは Uber の登場によって配車サービスを利用することになったのです。

タクシーから Uber に乗り換えたユーザーは「ドライバーが英語を話せず、言葉が通じない」「行き先を間違えることが多い」「メーター設定が不正確で料金をごまかされた」といった不満を持っていたようです。

配車サービスはタクシー会社から乗客を奪っただけではありません。ドライバーも Uber や Lyft へと移籍していきました。ドライバーに十分な待遇を与えられていなかったからです。

広告も大切ですが、**顧客のニーズを読むこと、そのためのリサーチがいかに大事か。**米国での2つの事例は雄弁に物語っています。

第3章

読者は「お役立ち記事」を読むとサイフを開く

私たちは1日平均48回スマホの画面を見る

平成30年版「情報通信白書」（総務省）によれば、スマートフォンの世帯保有率は75・1％。パソコン（72・5％）や固定電話（70・6％）を上回っています。

今やスマホは単なる電話機ではありません。「困ったこと」があれば、すぐ手にするツールとなっています。目的地へのルートが分からないとき、明日の天気が知りたいとき、私たちはスマホに頼ります。ニュース速報をいち早くキャッチしたり、災害時に安否確認や情報収集をする際にも欠かせません。

マーケティングリサーチ会社「インテージ」が２０１７年5月に行った調査によれば、1日のスマホ利用回数はロック画面での通知チェックなどを含め48回。そのうちロックを解除して使うのは23回で、2回に1回はロック解除している計算になります。起きている時間が16時間だとすると、平均で1時間に3回、20分に1回程度の頻度でスマホをチェックしているわけです。

スマホは数々の情報を入手し、処理する手段です。「困ったこと」があったとき、図書館や大型書店に行ったり、専門機関に尋ねたりするよりも前に、まずスマホを使います。「ドラえもん」のような存在です。赤ちゃんやシニア層などの例外を除けば、スマホで情報を受け取る環境で生活しているといってもいいでしょう。

であれば、**オウンドメディアにアップするコンテンツはスマホで読まれることを前提として準備する必要があります。**電車の中で、休憩時間に、リビングで寝転びながら、「困ったな」と感じたときには手軽に検索して、お役立ち記事を読んでもらえるようにするのです。

1日1本「お役立ち記事」を書くだけで商品が売れていく

お役立ち記事は誰が書けばいいのでしょうか。「プロのライターに依頼する」方法もあります。ただ、私はそのやり方は勧めません。最終的には自社で書き上げるのがベストです。なぜか。ライターは文章のプロではあっても、商品や読者について必ずしも理解しているわけではないからです。それらに精通しているのは他ならぬ自社のスタッフ。となれば、活用しない手はありません。

「文章なんて書いたことがない」「苦手だ」と構える必要はありません。お役立ち記事に「名文」はいらないからです。

むしろ、**大事なのはリサーチ**。商品や読者についてどれだけ分かっているかによって仕上がりは全然違ってきます。調査結果を整理すれば、自ずと文章は出来上がっていきます。

商品と読者についてきちんと理解ができた時点で、そのスタッフは自社オウンドメディアにとって最良の書き手となります。文章の素人であっても一向に構いません。

コンテンツは2～3日に1本程度のペースで更新していきましょう。一概にはいえませんが、1カ月に数回の更新ではせっかくのオウンドメディアが本来の力を発揮できません。実にもったいないことです。

もちろん、良質な記事であるに越したことはありません。ただ、特に立ち上げ当初は信頼を勝ち得ていくことが最優先です。ペースを守って地道に更新していきましょう。読者の信頼獲得に近道はありません。

問題解決型マーケティングなら高額商品が売れる

「問題解決型マーケティング」についてはすでに何度か触れました。簡単におさらいすると、**「商品そのもの」を売るのではなく、「顧客が欲している結果」を売る手法**のことです。

まず、顧客に問題を認識してもらい、その重要性に気付いてもらう必要があります。これができれば、顧客は成長していくので、「お金を払ってでも、問題を解決してもらいたい」と考えるようになるのです。

このとき、顧客の頭に他の条件はありません。「価格の安さ」などは考えてもいないでしょう。追い求めているのは**「何が問題を解決してくれるか」**だけです。

あまり良い例ではないかもしれませんが、持病を全快させるためなら、人は治療費や薬代に糸目はつけないでしょう。信頼できる医師を見つけられれば、結果として自由診療で高額な治療費となったとしても、躊躇《ちゅうちょ》はしないはずです。こうした場合、価格が選択にブレを生じる要素にはなりにくいのです。

問題解決型マーケティングをうまく活用すれば、高額商品を売っていく一助となります。この場合の高額商品とはどんなものでしょうか。一例を挙げると、エステティックサロンで売っているサプリメント。**ドラッグストアでは1000〜2000円で手に入る商品と機能は変わらなくても、エステで買うと、1万〜2万円するものがざらにあります。それでも売れていくのです**。

それはなぜか。エステでは顧客に対して問題教育をした上で解決方法を提案しているからです。顧客はエステティシャンにサプリを勧められれば、「このお店でこの人が勧めてくれているのなら、市販のものよりいいに違いない。こっちにしてみようかな」と購入を決めるのです。ここでも価格が決め手にはなりません。悩みを解決してくれる「情報提供の価値」への対価は、人は惜しまないものです。

以前、「酵素サプリ」を売る仕事に携わったことがあります。3000円で売る商品もあれば、3万円で売るものもありました。後者はやはりエステで扱っていたと記憶しています（詳しく知る立場にはありませんが、原価は大きく変わらないでしょう）。

コンテンツマーケティングでも、問題解決型の発想は非常に重要です。**お役立ち記**

事を通じて顧客の問題を解決できれば、高額商品であっても確実に売っていけるのです。

ネット記事はしつこく書いた方が良い

お役立ち記事は親切に書かなければなりません。かゆいところに手が届く感じです。むしろ、しつこいくらい丁寧に説明することを心掛けましょう。

例えば、Googleの検索窓に「ハワイ」と入力すると、「ハワイ　観光」「ハワイ　買い物」「ハワイ　ツアー」といった「検索キーワード」が表示されます。これらはそれぞれ重なるところもあるでしょうが、別個のワードです。

たとえ同じハワイに関するものであっても、「観光」「買い物」「ツアー」は完全に別のテーマです。記事の内容も必要とされる情報も変わってきます。

お役立ち記事ではキーワードによって解説の仕方も変えていく必要があり、より細かい表現が求められます。しつこくても構いません。根気よくやっていくことが大事です。読者が検索したキーワードと記事はなるべく寸分の狂いもないくらいフィットさせましょう。ぴったりしている情報であれば、読者は飛びつくに違いありません。

「ハワイ　観光」であっても、初めての人、常連の人、恋人と行く人、家族と行く人などさまざまです。それらの要素を満遍なく押さえている総花的な記事よりも、「初めての人」「常連の人」「恋人と行く人」「家族と行く人」と、それぞれ対象に書いた記事の方が広く読まれます。八方美人な記事は一見、誰にでも受け入れられそうですが、そうではありません。

お役立ち記事の内容は「コンビニ」よりも「専門店」を目指しましょう。コンビニにもいい商品はあるでしょう。コンビニに比べて専門店は不便な印象もあります。しかし、顧客の信頼を得やすいのは、専門店なのです。

読者が何度も「メディア」にやってくる〝ある仕掛け〟

読者が何度もメディアに読みにくるための仕掛けがあります。それはズバリ、「連載形式」にすることです。

もしあなたが結婚相談所を運営していた場合、例えば、「180日で電撃結婚できる！　電撃結婚講座24回連載記事」というふうに、シリーズ化します。書き手の方には月に4回、6カ月間にわたり、連載をお願いします。

こうすることによって、電撃結婚したい読者は、必ずあなたのメディアを訪れるのです。このように数カ月や1年縛りで、1つの目標を達成してもらうためのコンテンツが効果的です。

このほかにも「30日でダイエットする方法」「3カ月で学ぶビジネスで使える心理学」などもそうです。期間を区切りマスターできるように組んでいきます。以前「100日後に死ぬワニ」も話題になりましたよね。「30日で〜」と区切る場合は毎日更新した方がいいでしょう。

さあ、あなたなら、どんな連載をしますか？　読者が困っていること、知りたいこと、達成したいことでテーマを掲げ、連載テーマを考えてみましょう。

長期連載となると、ネタ切れが心配になるかもしれません。これを補う方法は2つ

第3章

あります。

1つは徹底したリサーチです。もう1つはあなた自身が興味を持っている分野をテーマにすること。あなたがこれまでの人生で最も時間をかけ、熱量をかけてきたもの。その中に執筆のヒントが隠れています。

あなたの専門分野と読者の解決課題のクロスポイント。そこにヒットテーマの宝が埋もれているのです。

読者は全員「初心者」だと思って書くとファンがつく

お役立ち記事を書くときに1つ気をつけなければならないことがあります。それは**「自分と同じ目線で書いてはいけない」**ということです。

あなたはその道のプロ。ある特定分野の専門家です。専門家が同じ業界の人々に伝えるような文章で書いてしまうと、本当に困っている人には難しく感じられてしまういます。

文章は初心者に向けて書きます。したがって、簡単でなければいけません。**専門用語には必ず解説をつけて書いてください。**目線をグッと下げ、かみ砕いて、分かりやすく書きます。これがファンをつかむ書き方なのです。

あなたが「当たり前」と思っていることであっても、読者にとってはそうではありません。相手にとって、すべてが初めて聞いたことだと思って書くことがポイントとなります。そうなると、執筆は難しいものではなくなります。

肩の力を抜いて、愛を持って、たった1つのテーマについての解決策を1回の記事の中で書いてみればよいのです。

let's take a break

読者の心理を逆探知する「探偵行動」が最初の一歩

Googleは「Googleアナリティクス」というアクセスを解析する機能を提供しています。

Googleアナリティクスは読者像を詳しく分析するためのツールです。これを使えば、自社のオウンドメディアに日々何人の読者が訪れ、何秒間滞在したかなどが明らかになります。最初のうちは、想定外のキーワードからやってくる人が結構いるものです。

一例を挙げましょう。以前、「片思い」を応援するサイトの仕事に関わったことがあります。片思いを卒業したい女性はどうすればいいのか、を示すコンテンツを増やさなければなりません。

当初、私たちは「片思い　方法」「片思い　メールの送り方」「片思い　電話のかけ方」といったキーワードで検索されるものと予想し、サイトのつくりもそれにふさわしいものにしていました。

ところがふたを開けて、びっくり。「片思い　おまじない」というキーワードからのアクセスが断トツで多かったのです。運営側ではまったく予期していない展開でした。

「片思いで悩んでいる女性はおまじないに興味があるのか……」

早速、おまじないに特化した記事をいくつも作りました。サイトへのアクセスが一気に増えたのは、それからすぐ後のことです。

予想もしないキーワード、考えてもみなかった動き。これらはオウンドメディアにつきものです。

自分の感性や観念を盲信するのは危険です。信用するのは分析結果のみとしましょう。

優秀なマーケッターやコピーライターほど、読者のことを詳しく調べているもの。彼らは自分のセンスをそれほど当てにしていません。コンテンツマーケティングは「アート」でも「自己表現」でもないのです。**「読者ファースト」**の姿勢を忘れてはいけません。

読者の心理を逆探知する「探偵行動」＝分析はオウンドメディアを充実させる第一歩であり、最終手段でもあるのです。

第4章

寝ていても読者が集まるオウンドメディアの作り方

1度記事を書けば365日売れ続ける

オウンドメディアは24時間365日休むことなく、ウェブ上にあり続けます。読者はいったんアップされた記事に、いつでもアクセスすることが可能です。

多くの人はプッシュ型の広告が発するメッセージに疲れています。「売りたい」「売りたい」「売りたい」の波状攻撃にうんざりしているのです。

そんな状況の中、プル型であるオウンドメディアの記事はじわりと浸透していきます。これが時代に適したメディアの強みです。

商品やサービスを売るというと、「何件訪問？」「何件電話？」という発想からスタートしていませんか？　はっきり言えば、それらは時代遅れ。今の読者に有効な手段とはとても言えません。むしろ、読者を取り逃す可能性すらはらんでいます。

優秀な営業担当者を抱えている会社は「わが社は安泰」とあぐらをかいているかもしれません。ただし、営業担当者も人間です。何らかの事情で辞めることもあるでしょう。有能な人材が1人、2人と離れていけば、それにつれて売り上げも下がります。

その点、オウンドメディアの優れた記事に「退職」の危険性はありません。アップされている限り、読者を育て続けてくれます。お役立ち記事は会社にとっても役立つこと請け合いです。

読者の好奇心をくすぐるメディアを作ろう

優れたオウンドメディアは読み手を楽しませてくれます。この場合の「楽しませる」とは、「笑わせる」「面白がらせる」とは一味違います。

「ネット上の百科事典『ウィキペディア』なら、ずっと見ていられる」――そんな人が時々います。ある項目を調べているうちに「次の情報」「次の情報」とたどっていき、ついやめられなくなってしまう。これはネットの本質を踏まえた楽しみ方の典型です。

ネット上で何かを調べていれば、関連する情報を知りたくなります。結果として複数のウェブサイトを続けて閲覧することになるのです。これはネットサーフィンとほぼ同じ行為といえます。

読者がそうした特性を持っている以上、オウンドメディアを作る側が何をしなければならないかは明らかでしょう。それは、**お役立ち記事をたくさん用意すること**です。

1テーマに対して関連記事を書いて掲載することで、読者の好奇心がくすぐられ、オウンドメディア内の別の記事も思わずクリックしてしまいます。書き手が関連記事を量産すればするほど、読者は閲覧欲をかき立てられて「楽しい」と感じるでしょう。

また、**更新頻度が早ければ、「もっと知りたい」が次々と解決することで読者の「満足度」が上がり、リピーターが増えます**。

さらには、オウンドメディアの出入りが激しくなり、Googleに「このサイトは活発だ」と認識され、良質な記事であれば上位に上がりやすくなります。これは、読者の目に留まりやすいというメリットがあります。

繰り返しになりますが、ウィキペディアは優れたオウンドメディアの1つだと私は評価しています。項目の充実度、更新頻度、関連情報など、どの点を取っても申し分ありません。ついつい長居をしてしまいそうになります。

「お役立ち記事」を読むと読者はどんどん教育されていく

「お役立ち記事は読者を教育する」。この点をもう少し詳しく説明しておきましょう。

ぎっくり腰で悩んでいる患者さんを例に取ります。初めて接骨院に治療に行ったときのこと。それまで痛みに悩まされ続けていたのに、10分ほどの施術で見違えるほど状態が良くなったのです。ここで顧客（患者）の問題は解決されています。

ぎっくり腰を短時間で治してくれたことで、患者は施術者を信用するようになります。それによって、「他の悩みも解決してくれるのではないか」と相談することを決意します。

「先生、実は肩こりもひどいんです。いつもパソコンを眺めているんで、目も疲れています」

個々の悩みに対処していくうちに、問題はどんどんずれていきます。そもそも生活習慣に問題があると気づきます。

「肩こりにはこのサプリがいいですよ」

「体はすべてつながっています。1カ所の不調が次々と別の不調を呼んでしまうのです。便秘は自律神経を乱す原因となりますから、お通じに良いこのお茶はどうですか？」

「まずは生活習慣を整えること。仕事で難しいのであれば、体に足りていないものをサプリなどで取ることができます。体にたまっている不必要なものはお茶で排出してみては？」

といった着地点が見えてくるのです。これが「教育」の1つの形です。

一例を挙げてみましょう。「寝つきが悪い」と悩んでいる人がいたとします。もちろん「寝つきを良くしたい」と考えているわけですが、潜在的なニーズは他にもあります。「日中眠くなってしまう」「仕事に集中できない」などです。相談の中で、こうした本来の悩みを掘り起こせれば、提案できる材料はどんどん増えていくでしょう。

これも教育の1つだといえます。

読者が抱えている問題は必ずしも1つではありません。**関連している問題も洗い出し、問題の一つひとつへの対策法を提供し、一連のそもそもの原因を根本的に解決する方法を提供しましょう。**こうした情報の価値を提供することで、読者を顧客に、そして顧客をリピーターに育てていくのです。

検索で訪れた「読者」が「顧客」になる

オウンドメディアに初めて訪れた人は、ほぼ検索を経由しています。この時点では単なる「読者」です。「顧客」にはなっていません。

検索を経てやってきた読者の目的は1つだけ。自分がそのとき抱えている問題を解決することにあります。

そして、読者はオウンドメディアにあるお役立ち記事を読むことでだんだん信頼してくれるようになります。

第4章

「体のことなら、いつもこのサイトで情報を集めよう」
「何か買うんだったら、この人が紹介しているものにしよう」
いつの間にか、そんなことを考えるようになっていきます。この段階までくれば、読者は「見込み客」といってもいいでしょう。そのまま成長を続けていけば、自社の「顧客」に変化していきます。

こうした成長の事例はたくさんあります。だからこそ、**検索で訪れた読者に無料で情報を提供することにはプライスレスな価値がある**といえるのです。

オウンドメディアも情報発信を続け、充実していくにつれて成長していきます。そのうち、口コミでサイト自体の評判が上がっていくこともあるでしょう。そうすると、サイトの名前も知られるようになっていきます。やがて、自分が抱える問題や悩みをキーワードにした検索ではなく、サイト名をキーワードにした検索（指名検索）で訪れる読者も出てくるかもしれません。

ここまでくれば、サイトの価値の転換点。ネットの世界には「指名検索で入っている読者は熱い」という定説があります。

プッシュ型とプル型の違い

	プッシュ型	プル型
営業手法	電話や訪問、メールなどでこちらから攻勢＝**企業主体**	お客様を引き寄せる＝**顧客主体**
広告の種類	従来型	コンテンツマーケティング

プッシュ型ではなくプル型マーケティングが勝つ

マーケティングにはプッシュ型とプル型があります。このことについては第2章ですでにお話ししましたが、もう一度確認しておきましょう。

プル型はどちらかというと、顧客に「好かれる」手法といっていいでしょう。こちらから働きかけて呼ぶのではなく、顧客が勝手に寄ってくる状態を作り出します。「自社のファンを作る」といった表現をする人もいます。

プッシュ型は時代に合わなくなってきています。今はプル型が求められているといっていいでしょう。背景にはインターネット文化の浸透があります。コンテンツの多くが無料で手に入るようになってきました。音楽を聴く、ニュースを読むといったことにお金を払わないのは珍しいことではありません。本に関しても無料アプリが出てきています。映像もYouTubeを使えば無料で見られます。

「分からないこと」「困ったこと」があっても、Googleで検索すれば、ほぼ解決してしまいます。ここでもお金はかかりません。

何でも無料で見聞きできる時代だからこそ、プル型のマーケティングが有効になってきているのです。

読者をメールマガジンやLINE公式アカウントに誘導する

コンテンツマーケティングでは、いきなり商品やサービスを売り込まないことが大切です。将来の顧客である読者との関係を維持していくことの方がむしろ主眼といえます。

そこで読者にメールマガジンに登録してもらったり、LINE公式アカウントを友だちに追加してもらったりすることが大事なステップとなってくるのです。自社のオウンドメディアを初めて訪れた読者には、何はさておき「登録」「友だち追加」してもらう必要があります。

コンテンツマーケティングにおける「見込み客」とは「売りつける」対象ではありません。**関係を構築していくパートナー**です。登録や友だち追加によって、こうした関係性をつくることがオウンドメディアの最初の目的といっていいでしょう。

しかし、メルマガ登録や友だち追加は簡単ではありません。読者にとってみれば、自分の大切な個人情報を開示することにほかならないからです。

多くの企業は読者に登録や友だち追加を促すため、ポイントやボーナスなどの特典を用意しています。こうした仕掛けで読者の関心を引こうとしているのです。

私もこうした仕掛けを否定するつもりはありません。ただ、特典だけに目を奪われるのは本末転倒だと指摘したい気持ちはあります。

登録や友だち追加の決め手となるのは特典だけではありません。最終的にはコンテンツの質がものをいいます。記事の情報はどれだけ有益だったのかが勝負の分かれ目です。自分に有益だという確信が持てないようなサイトや企業に対して、読者が個人情報を預けることは決してないでしょう。**遠回りなようでも、優れたコンテンツを増やしていく。このことが結果的に将来の顧客を増やす近道となります。**極論すれば、記事が充実していればいいのです。

メルマガ登録によって読者のメールアドレスを取得したり、読者にLINEで友だち追加してもらった後、顧客へと成長させていくにはどんな段階が必要なのでしょうか。まずはその後、何度もサイトへ来てもらわなければなりません。その上で読者の成長ステージに合わせたコンテンツを提供し続けることです。

読者が顧客に成長するまでにはどれくらい時間がかかるものなのでしょうか。これは一概には言えません。成長が早い人もいますし、思いの外時間がかかることもあります。これればかりは「個人差がある」としか言いようがありません。

「書き手の質」がオウンドメディアの成果を左右する

オウンドメディアにとって記事の質がいかに大事か。この点については繰り返し述べてきました。表現を変えれば、オウンドメディアの成果を決めるのは「書き手の質」。これは厳然たる事実です。

では、書き手の質は何によって規定されるのでしょうか。ズバリ、リサーチがどこまで精緻になされているか、です。

ここでいうリサーチとは、第3章の章末記事で紹介した「逆探知」の分析です。ここがしっかりできていれば、読者の問題をすぐに解決し、最大限の満足度を保証できます。その結果、信用が得られ、読者はライターのファンになっていくのです。

テレビで人気のキャスター・池上彰さんはニュースや時事問題を分かりやすく解説する番組に出演し続けています。NHK時代を含め、池上さんのキャリアを私は詳しく知っているわけではありませんし、そういう視聴者も少なくはないでしょう。しかし、そんな視聴者を含む多くの人が池上さんを「ニュース解説の第一人者」と認めています。

番組で報じている個々の問題について池上さんよりも詳しい人は世の中にたくさんいるでしょう。しかし、「あの人だったら、時事問題について幅広く分かりやすく解説してくれる」という人は彼をおいて他にはいません。そして、そのイメージは地上波のテレビ放送を通じて、すでに広く共有されています。

そういった「ファン」たちが「ちょっと時事問題について勉強してみようか」と思ったら、恐らく池上さんの著書を探すことでしょう。

オウンドメディアのライターも池上さんの例から学ぶことは多くありそうです。オウンドメディアの書き手は本当の意味での「専門家」である必要はありません。ただ、**読者の問題を解決するのに必要なデータをきちんと揃えておけばいい**のです。その一点だけを疎かにしなければ、オウンドメディアの世界では誰でも「専門家」「カリスマ」になることができます。大学教授や評論家といったプロよりも、むしろ分かりやすく説明してくれるマニアックなアマチュアの方が信頼される傾向すらあります。

「無類のイタリアン好きで毎週食べに行っている」だけの人なのに、「あの人のレビューは信頼できる」と評判を取っているライターがいても不思議ではありません。

私の会社には「居酒屋大好き」という従業員がいます。YouTube でいろいろな居酒屋を探訪するチャンネルを熱心に視聴し、YouTuberでブロガーの品川イッコーさんのファンになってしまいました。

当初、イッコーさんのチャンネルには「おいしいお店を知りたい」視聴者が集まっていました。最近では「イッコーさんが行ったお店に行きたい」視聴者が増えてきているようです。チャンネルへの信頼が高まったことで、受け手の側にも価値観の逆転が起こったのでしょう。

検索エンジン・Googleも最近では文章の良さもさることながら、「誰が言っていることなのか」が注目されるようになっています。

家電量販店の店員よりパソコンに詳しい人はあなたの周りにもいるはずです。主婦(夫)が「洗濯の専門家」を名乗ってもいいでしょう。戦略的に自社の社員のキャラクターを立たせて、タレントを作ることを考えてもいいかもしれません。

単なる署名記事ではなく、社内の「有名人」が書いているというところまで持っていければ、読者への訴求力も違ってきます。

「メジャーメディア」から取材が殺到

リクルートが立ち上げた総合情報サイト「AllAbout」では500人の専門家がお役立ち記事を発信しています。2005年に上場を果たしていますが、もともとはほとんどメディアに露出していないプロ集団の人たちを集め、記事を定期的に更新していました。しかし、今ではガイドと呼ばれる専門家としてマスコミから取材が殺到しています。

オウンドメディアを立ち上げて記事を掲載し、その中で紹介したことが面白いと判断されると、テレビや雑誌、新聞、ラジオや他のメジャーなメディアが取材にくることがあります。

美容テクニック、お掃除テクニック、恋愛テクニック、結婚する方法、人間関係術、健康法、就職術、転職術、話術、コミュニケーション術など、さまざまなテーマでコメントや出演を依頼してきます。

あなた自身、あるいはあなたのメディアが紹介されることになり、ますますPVの知名度が上がったりもします。それもこれも「読者のためになるお役立ち記事」を発信したからにほかなりません。

さらにここでもう1つ良いことがあります。もし、**あなたが書き手であれば、あなた自身のブランディングになる**のです。

専門家、文化人としてその権威を高めていくことにつながり、個人のブランディングとしても大きなメリットが生まれます。複数の方が年に何回か取材されれば、もうあなたのオウンドメディアの部署は「スター軍団」となります。ちょっとした有名人が社内に常駐している。それと同じ状態が作れてしまうのです。こうなると、会社に行くのが楽しくなります。

比例して新しい売上も生まれるので、会社への貢献者としても感謝されること間違いありません。

オウンドメディアを作る前に――「SEO」の重要性

では、実際にオウンドメディアを作る作業を紹介していきましょう。

確かに最初の一歩は一番重いものです。ただ、踏み込みやすくなる環境は随分整ってきています。残念ながら、そのことにまだ気づいていない方も多いようです。

オウンドメディアを始めるなら今です。「いつかやりたい」と思っている方が取りあえずの一歩を踏み出せるように、私からのささやかなエールです。

中には「面倒くさい」「パソコンをいじるのは好きじゃない」という方もおられるでしょう。私的な領域で考えている限りは「面倒くさい」「好きじゃない」と言っていられるかもしれません。しかし、オウンドメディアを通じて発信していくことは公共に関わる行為です。誰でも社会に向けて問いかけることができます。しかも、それを待ってくれる読者が現れます。公益のために力を尽くすとは、言い換えれば、企業としてのミッションを果たすことでもあります。

オウンドメディアを立ち上げ、記事をアップしていく前に理解しておいてほしいことがあります。「SEO」の重要性についてです。

SEOとは「Search Engine Optimization」の略。「検索エンジン最適化」と訳されています。簡単に言えば、検索エンジンによる検索結果で自社サイトを上位表示するための対策のことです。

SEOのためには何をすればいいのかを説明する前に、Googleの仕組みについてお話しします。Googleでは「Googleクローラー」というロボットにウェブサイトを巡回させ、情報を収集しています。その情報はデータベースに登録（インデックス）されます。サイトの情報はクローラーに認識され、インデックスされることで初めてGoogleの検索結果に反映される対象となるのです。

クローラーは巡回して情報を得たサイトについて「良いサイト」か「悪いサイト」かのランクを決定します。ここで良い評価がつけば、そのサイトは上位表示されることになります。

したがって、SEOのためにすべきことは次の3つです。
①クローラーに自社サイトを見つけてもらう

②自社サイトの内部構造の最適化（サイトをクローラーに認識してもらいやすい形にする）
③ Google に評価されるコンテンツの作成

①と②に関しては、それほど頑張らなくても大丈夫。「ワードプレス」というオープンソースのブログソフトの優秀さがよく知られています。このソフトのテンプレートを使えば、サイトのデザインを自動で組み込んだり、ある程度のＳＥＯ対策をしてくれたりします。

１万～２万円で買えるテンプレとワードプレスがあれば、①と②は何とかクリアできます。もっとも①と②はどちらかというと、エンジニアが担当すべき領域。コンテンツの作成に関わる人たちは手を出さなくてもいい分野です。

大事なのは③です。この点について Google は、次のような社内向けのアナウンスをしているといわれています。

「ユーザーに焦点を絞れば、他のものはみな後からついてくる」

Google のこの価値観は、メディア作りの基本と考えていいでしょう。

まず、大前提を押さえておきましょう。**ユーザーはネットの情報を信用していません**。これはとても重要なポイントです。ネットにおいては情報の送り手と受け手の関係はニュートラルですらないのです。マイナスの状態から関係が始まります。

なぜ、マイナスなのか。読者は無料の情報を欲しがっています。しかし、同時に「無料の情報は信用しない」という心理状態にもあります。矛盾していますが、あなたも思い当たるところはあるでしょう。

例えば、書籍は有料です。対価を払って得た情報を人は信用します。仮にある書籍に書かれているのとまったく同じ情報が無料でネット上に公開されていたとします。書籍の情報は信用され、ネットの情報は信用されないでしょう。これは1つのジレンマです。

さらに考えなければならないのは、ネットであれば、読者は指1本でいつでもシャットダウンできるということ。サイトを閉じるのは簡単。SNSには「ブロック」の機能もあります。**読者の側には一方的に関係を断ち切る権限がある**のです。

こうした前提は決して忘れないでください。読者の特性への理解や想像が揺らいでいては、良いコンテンツを作ることはできません。

もう一点、強調しておきたいのが、「オウンドメディアではすべてのページが独立している」ということです。

ウェブサイトは一般にトップページがあり、下層ページ、そのまた下のページ……という構造になっています。一般的な企業のサイトではトップページへのアクセスが多くなる傾向にあります。

ただし、オウンドメディアはそうではありません。1本1本の記事がすべて検索の対象となります。トップページよりも、ある記事単体へのアクセスが多いことはざらにあるのです。

普通の企業サイトであれば、「トップページをかっこよく作る」戦略で問題ありません。オウンドメディアは「すべてのページが独立している」ので、すべてのページをトップページ並みの意識で作らなくてはならないのです。書籍でいえば、どの章、どの項から読んでも成立しており、「引き」があるという感じでしょうか。

オウンドメディアにとっての「良いコンテンツ」

では、オウンドメディアにとっての「良いコンテンツ」とは何でしょうか。あらためてここで整理しておきたいと思います。

①検索意図を理解している

検索意図を理解するためには、ペルソナを理解する必要があります。具体的には**「誰がどうなりたくて検索しているのか」**をしっかり把握することです。

②適切な文章量

例えば、税金や資産運用がテーマであれば、読者は情報があればあるだけ喜びます。むしろ、薄いと不安になるほどです。

一方、料理に関する記事であれば、シンプルな説明がベター。記述がグダグダと続くようだと敬遠されてしまいます。

テーマや場面によって「適切」さは変わってきます。**同じ情報量であれば、文字数は少ない方がいいでしょう。**コンテンツマーケティングを続けていると、書くことに慣れてきます。中には書くことに「酔ってしまう人」も出てきます。テーマや場面の特性を忘れて、ただ長いだけの文章は迷惑でしかありません。私は、1本の記事、3000字を1つの目安としています。

③即座に理解でき、満足させられる

文章の構成に注意しましょう。フィクションであれば、クライマックスは終盤に訪れるのが定番です。しかし、インターネットのユーザーはそこまで待ってくれません。**結論からまず書いていくこと**が大事です。

④検索を終わらせる

この4つを兼ね備え、さらに「読者の想像を超える」ことができれば、理想的なコンテンツです。

例えば、「掃除機　おすすめ」で検索している人は「良い掃除機」を探しています。

「安くて機能が優れている」「コードレス」「テレビで紹介されている」など、いろいろな要望が考えられます。これらを記事に落とし込む必要はあります。

一方で読者自身が自分の「潜在ニーズ」に気づいていないこともあります。掃除機でいえば、赤ちゃんがいる家庭の場合、「排気を極力無害にする機能を搭載」がこれに当たります。読者としては想像していたものより、1～2個情報を多くもらえることになるのです。

このように、**「読者が知りたいこと」を網羅するだけではなく、想像を超えるくらいの満足度を用意するサービス精神を忘れないように**しましょう。

満足度を上げようとすれば、情報量が増えて文字数も多くなるといった問題が出てきます。この場合、関連記事を作って、「この情報を求めているなら、こんな記事も書いていますよ」と誘導する形にしましょう。

1本の記事完結ではなく、別のURLをクリックさせてしまうことにはなりますが、読者は検索しなくても欲しい情報を得られます。結果として「検索を終わらせる」ことにはつながります。検索が終わったということは、読者の悩みが解決した、あるいは読者が満足したという状態であり、ここを目指していくことになります。

「顕在ニーズ」と「潜在ニーズ」

読者のニーズには2つの種類があります。「顕在ニーズ」と「潜在ニーズ」です。前者は読者が自覚できているニーズ、後者は自覚できていないニーズを指します。

例えば、「痩せたい　方法」で検索をかけている読者がいたとします。この人の顕在ニーズは「痩せる方法を探している」「なるべく簡単な方法で痩せたい」などが考えられます。

では、潜在ニーズはどうでしょうか。「あの服が着られるようになりたい」「あの輪の中に入りたい」「かわいくなりたい」「(かわいくなくてもいいから) 人並みになりたい」などがありそうです。

男性であれば、「時計」で検索している人。単に「時刻を知るための機械」としての時計を探しているだけではないでしょう。顕在ニーズよりも潜在ニーズに着目する必要があります。

中高年であれば特に「男としてロレックスのステージに立ちたい」「自信を持ちたい」「かっこいいおじさんと見られたい」といった願望があるかもしれません。

顕在ニーズが目の前の願望であるのに対し、潜在ニーズは読者が「商品やサービスを使ってどうなりたいのか」を指すものといえるでしょう。

弊社では原稿執筆の指導を社内でする場合、こんな説明をしています。

「読者は今、悲しみに打ちひしがれている状態にあります。弊社では読者を『良い状態』にするために商品を提案しているわけです。読者は商品が欲しいわけではありません。『良い状態』の自分に持っていきたいだけです。ここでいう『良い状態』とは潜在ニーズが満たされた状態。読者が自分では気づいていない、無意識の願いが達成された状態を指します」

ここで大事なことは「商品を売ろう」としないこと。**読者を「良い状態」にすること＝ベネフィットを売らなければなりません。記事はそのために書くのです。**

「ベネフィット」は通常、「利益」「恩恵」の意味で使われます。広告やマーケティングの世界では、「ある商品・サービスを体験した際、顧客の中で起こる良い変化」を指すことがあります。ここが分かっていないと、良い文章にはなりません。

例えば、「痩せたい　方法」で検索している読者には「痩せる方法」を売るだけでは不十分です。その人が痩せたあと、どういう状態になっていたいかをベネフィットとして提案しなければならないのです。

コンテンツマーケティングは中長期の施策と心得る

コンテンツマーケティングを始めたあと、思ったような反応がなかったとしても、**半年は続けてください**。一概には言えませんが、このあたりからじわじわと成果が出てくることはあります。

コンテンツマーケティングの効果は本当に読みにくいものがあります。早ければ、2カ月たたずにブレイクするサイトもあります。プロでも予測は困難です。

コンテンツマーケティングは中長期の施策です。この点は肝に銘じておきましょう。

短期で成果を得ようとして始めると失敗する恐れがあります。

更新頻度はできれば一定に保ちたいところです。立ち上げ前に無理のないスケジュールを立てましょう。

残念なことですが、「即効性がないので、やめます」と言って、コンテンツマーケティングから撤退される企業もあります。1～2年後、彼らに会うと、まだ同じ商品を売っているのです。誰しも目の前の成果は欲しいもの。ただ、そういう人も中長期のビジネスは手掛けているのです。

来年も再来年も売っていく商品であれば、本来はコンテンツマーケティングとの親和性は高いはず。短期でやめるべきではなかったかもしれません。流行を追うのではなく、直近の成果は横に置いた方がいいでしょう。今後長く売っていきたい商品があるのなら、コンテンツマーケティングはおすすめです。

let's take a break

この通販サイトでは商品が売れなかった理由

私の知人が実際に関わっていたサイトでのお話です。運営元は東京都内の通販会社。年商は20億円ほどでした。

掲載していた記事のテーマは恋愛。20～30代の女性をターゲットにしていました。恋愛ノウハウにまつわる記事を展開し、恋に効く商品へと読者を誘導するのが狙いです。商品の代表例は「マウスウォッシュ」。彼と会う前にお口をクチュクチュッときれいにする洗口剤です。他にも恋愛の後押しになりそうな商品を紹介しました。

記事は確かに好評でした。男性である私の目から見た限りではありますが、なぜモテるためにこの商品が必要なのかもしっかり書かれていました。

しかし、購買には結びつきませんでした。知人にとっては大きな誤算のようでしたが、理由は実に意外なものでした。マーケッターの感覚で分析してみると、失敗の要因は恐らくコンテンツの誤算にあったのではないでしょうか。

サイトを訪れる一見さんの読者は「モテる方法」を探しています。その読者に向けて「モテる方法」を記事で伝授。読者は「この人ってすごい」と記事の書き手を認めるようになります。その段階で「モテる商品」をおすすめすることで、読者は「この人がすすめる商品なら買ってみよう」と考えるのです。ここまできて、初めて購買につなげることができます。

しかし、この通販サイトでは「恋愛ノウハウ」のボリュームが少なく、それにより読者の満足度が下がってしまっていたのです。しかも、商品と恋愛を絡めることばかりに傾倒し、そこに無理やり感や不自然感が出てしまっていました。読者はまずもって「恋愛ノウハウ」が知りたかったのですが、ノウハウが少なかったのでこのサイトへのロイヤルティーも高まらなかったのです。そんな状態で「恋に効くと称した無理矢理感のある商品紹介記事」が掲出されていました。

読者のニーズを見極め、適切なメッセージを発していく。この点を誤ると、せっかくの良質な記事も顧客の成長にはつながりません。**しっかり顧客ロイヤルティーを高め、書き手やサイトを信頼してもらってこそ、商品購入につながるのです。**

第5章

どの記事が読者の心に刺さったか検証する

アクセス解析三種の神器＝滞在時間・検索キーワード・回遊率

ある郊外のおそば屋さんがありました。客の入りがまばらで、いつも閑古鳥が鳴いていました。

思い切って、広告代理店に広告予算100万円を払って集客を依頼しました。すると次第に効果が現れ、1カ月で店はほぼ満員状態になりました。

ここで、経営者は、来店客がどこから来たかを調べてみることにしました。「どうしてうちの店を選んでくれたんですか？」という、ヒアリング調査をしたのです。

来店者の答えはさまざまでした。

「ネットを見たからです」

「ネットの口コミサイトを見たからです」

「友達がおいしいと言っていたので来ました」

「通りすがりに立ち寄りました」

「ブログを見ました」

「食べログを見ました」

来店客からヒアリングしていくと、なんと、通りすがりが一番多かったことが分かりました。広告代理店は店の前を通る道の300メートル先に、〝のぼり〟を出してくれたのですが、100万円もかからなかったこののぼりが一番効果があったのです。

そこでおそば屋さんは、〝のぼり〟の数を増やし、さらに駅にもポスター広告を貼ったところ、店の前に行列ができるようになりました。

このように、顧客がどこから来たかをアクセス解析することを「アナライズ」といいます。おそば屋さんの〝のぼり〟と同じ効果、役割を果たすのが「お役立ち記事」なのです。

そして、そこであなたの商品を買う顧客は、どこでどの「お役立ち記事」を見て、さらには記事のどの部分をじっくり読んでいたかが重要になります。

顧客はどんな悩みを持ち、解決するためにどんなキーワードで検索したか？ これを解析する必要があります。これが「検索キーワード」をアナライズするということです。検索キーワードは読者のニーズを端的に表しています。

さらに、顧客はあなたの記事にたどり着き、それを読みます。そこで、どのページをじっくり読んだのかという「滞在時間」を解析します。

滞在時間とはあるページあるいはサイトにユーザーがどのくらいの時間訪れていたのかを表す指標。具体的には、「平均セッション時間」と「平均ページ滞在時間」の2種類があります。

平均セッション時間はユーザーの1回のサイト訪問における滞在時間の平均。平均ページ滞在時間は、ユーザーが特定のページあるいは一連のページを閲覧した平均時間を指します。

顧客がたくさん読んでいるページは、分析ツールを見ると赤いヒートマップで表されます。ヒートマップとは、人体の熱を感知するサーモグラフィーのようなものだと思ってもらえばいいでしょう。

滞在時間を通して分かるのは「読者がちゃんと記事を読んでいるかどうか」です。3秒や4秒しかサイトにいない人が記事を熟読しているとは考えられません。瞬間風速的な滞在ではダメなのです。反対に長くいてくれる人は、サイトに満足してくれている度合いが高いものと想定できます。

ですから、あなたが、「お役立ち記事」を書くときは、まず**アクセスを計測するGoogleAnalyticsとヒートマップが分かるツールを入れる**必要があります。

こうしたツールには「Pt engine」や「MIERUCA」などがあります。サイトにタグを埋め込み、アクセス数を計測する暗号を埋め込みます。たくさんの人が閲覧している箇所は赤い色で表示され、読まれていない箇所は青い色で表示されます。まさにサーモグラフィーのような温度差があるのです。これが滞在時間の分析です。

次に重要なのが「回遊率」です。回遊率とは「1回のサイト訪問（セッション）で、ユーザーが何ページ回ったかを表す割合」。「ページビュー数÷セッション数（訪問数）」で割り出せ、「ページパーセッション」とも表現されます。

例えば、1日60セッションのウェブサイトがあったとします。ページビュー数が120とすると、サイトの回遊率は「2」（120÷60）です。

一般的に、**回遊率が高いほどユーザーのエンゲージメント率（SNSでユーザーが積極的な反応を示した割合を表す値）が高いため、ユーザーからの評価が高いサイト**だといえます。

記事の内容やレベルによって回遊率を上げることができます。最初の記事が面白ければ、読者は次の記事も読みます。つまらなければ、次の記事は読んでもらえません。いきなり回遊率が下がったということは、そのページのクオリティーが低い可能性があるので、どこが悪いのかを検証し、その部分を修正することによって、次のページも興味を持って読んでもらうことができるのです。

回遊率は記事への信頼度、満足度を示す数値。最初に見た記事で「これはためになる」と感じた読者は次のページも見てくれるでしょう。反対に最初に見た記事に関心がなければ、他を見ることもないでしょう。

この滞在時間、検索キーワード、回遊率をアナライズすることで、読者がページを最後まで読み、その記事を読んで問題解決された読者はその記事を信頼し、記事で紹介している商品を買ってくれる可能性が高くなります。

読者がどこから来たか解析する

オウンドメディアを始めたばかりの初心者が陥りやすい罠《わな》があります。記事をアップすると、「これで終わり」と安心してしまうのです。

もちろん、これは誤り。記事をアップするのは単なる通過点で、むしろ、ここからが本番です。

プロはアクセス状況に注目します。必要なツールを用いながら、データを解析。記事をブラッシュアップして、完成形に近づけていく作業こそが重要なのです。

解析すべきデータの要素はさまざまです。

まず、**読者がアクセスする時間帯**は見逃せません。恋愛サイトでは、読者の主体は働く女性。日曜日の夜遅くに集中しているかもしれません。男性のビジネスパーソンは平日の夜が中心となるでしょう。

サイトでの滞在時間も重要。読者がどの記事を何分くらい読んでいるのかは、送り手としてぜひとも知っておきたいところです。

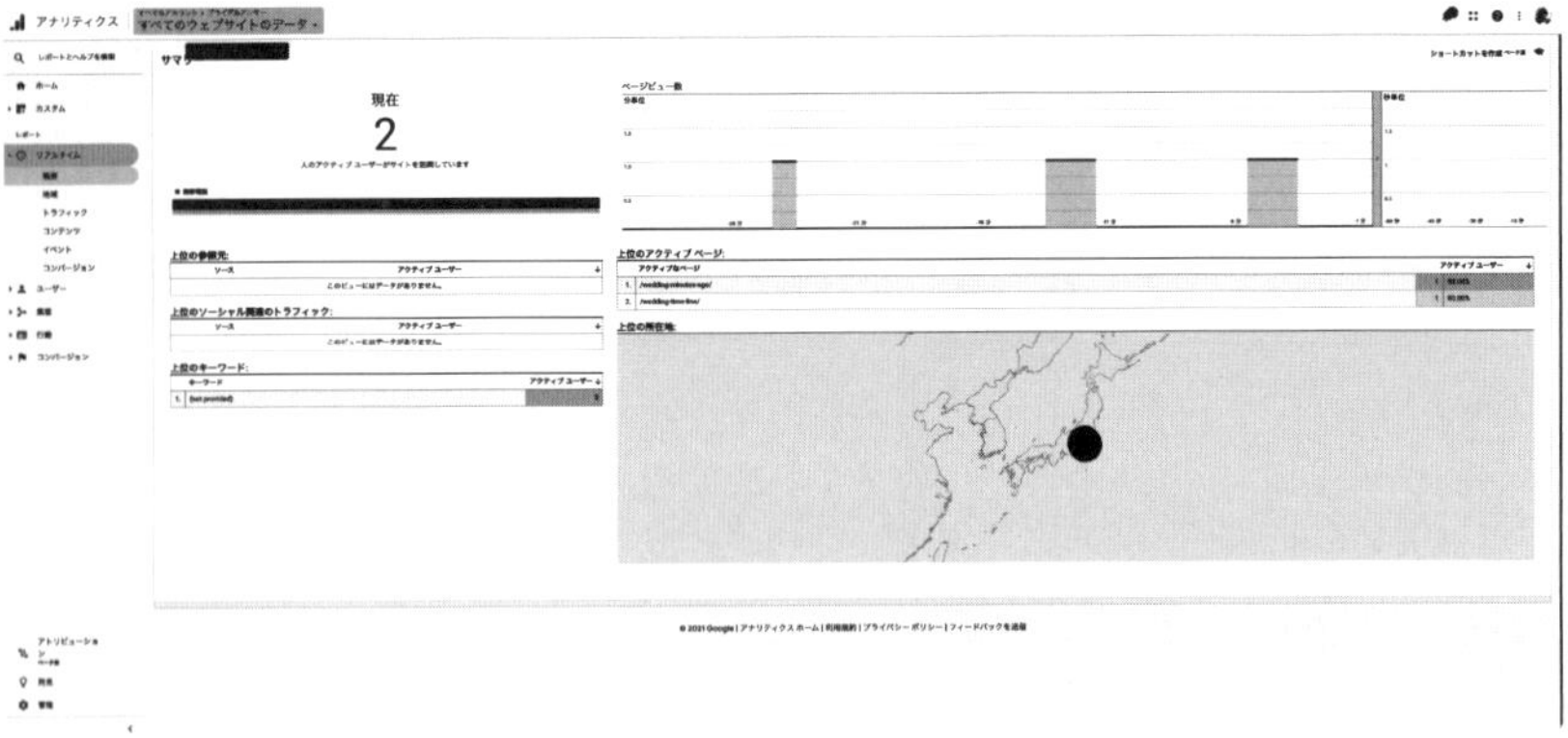

そもそも**読者はどのサイトを経由して「読ませたい記事」にやってきたのか**。ここも押さえておきたいポイントです。

ブライダル関連サービス企業のオウンドメディアを解析している実際の画面をご覧に入れながら、解説していきます。

今、オウンドメディアには読者が2人アクセスしている状態。住んでいる地域も大阪市内と東京・江東区と分かっています。

リアルタイムではないアクセスについてもさかのぼって調べられます。検索エンジン、URL直打ち、SNSからそれぞれどのくらい来ているのか。

ページセッションが「3・63」とあるのは、読者が一度訪れたら、だいたい3ページほどを見ています。

いることを示しています。平均セッションは「59秒」。読者は1分くらい記事を見ています。

サイト内をどのように動き回ったかも追跡可能。どこのページから退出したかも分かります。明らかに読み飛ばされているページがあれば、対策を打つ必要があります。

現在、「そもそも結婚に向けて何から準備を始めればいいか分からない」という記事が多くのアクセスを集めています。では、読者はどんなキーワードからこの記事に訪れているのでしょうか。例えば、「結婚式準備の悩み」。「結婚式の準備」で検索すると、当該サイトが1位になっています。

読者がどんなデバイスでアクセスしているかも大事です。モバイル、デスクトップ、タブレットのうち、モバイルが圧倒的に多数（ここでいうモバイルはスマートフォンがベースとなっています）。

世の中のウェブメディアの運営者たちはこれらの数字と毎日格闘しています。そうしたアナライズの中から多くの企画や施策が生まれてくるのです。オウンドメディアを本当の意味で活用したいのであれば、読者のあなたも同様の動きをしていかなければなりません。

もう一度言います。記事をアップしただけではオウンドメディアは完結しません。**読者の動向を解析し、記事を改善していくことで完成度を上げていく過程が何より大事なのです。**

闇雲に頑張っていても、努力は報われません。アナライズのツールはサイトが向かうべき方向を指し示してくれます。航海でいえば、羅針盤のようなものです。行く手が決まれば、あとは速度を上げていくだけです。ツールが教えてくれた方向に舵《かじ》を切り、風を帆に存分にはらませましょう。

雑誌や新聞などは一度印刷してしまうと後から修正ができなくなってしまいますが、オウンドメディアは繰り返し何度でも修正することができます。運営者の姿勢次第でいくらでも良くしていけるのが、オウンドメディアのメリットでもあります。

売れるか売れないかはアナライズで決まる

オウンドメディアを生かすも殺すもアナライズ次第です。自分たちが作ったサイトが誰にどんなふうに見られているかを明らかにする必要があります。その上でサイトを改善していくことで「売れるコンテンツマーケティング」を実現させられるのです。考えてみれば、それほど難しい作業ではありません。正解は解析の結果が示してくれているからです。そのためのツールもすでに出揃っています。あとはそこに向けてコンテンツを調整していけばいいのです。

繰り返しになりますが、初心者が陥りやすい罠《わな》があります。「一生懸命更新しさえすれば、アクセス数が増えていく」という思い込みにとらわれてしまうことです。この思い込みに根拠はありません。確かにコンスタントな更新は重要です。ただ、**そこでアップされる記事は解析される必要があります。そのデータを踏まえて手を加えていくことで、より「刺さる」コンテンツとしていくのです。**

私の経験をお話しします。あるサイトが立ち上げから1カ月半後に1万件ほどアクセス数を伸ばしたことがありました。特別な仕掛けは何もありません。日々お役立ち記事を上げ、毎日のように解析を繰り返しました。そこで入手したデータに基づき修正を加えていっただけです。

注目したのは、顧客がサイトを訪れた際の検索キーワードでした。検索ワードが徐々に分かってくると、それに関した記事を増やしました。並行して特にアクセスの多い記事に関しては詳しい説明を入れたり、ボリュームアップをしたりもしました。さらに人気記事を読んでいる読者に向けて「こんな記事も読みたいんじゃないか」と関連リンクを設置。こうした手入れの一つひとつがアクセス数の増大につながったのでしょう。

記事は完成度7割でアップしていい

アナライズの重要性についてもう少し説明しましょう。

記事をサイトにアップする際、「100点満点」を目指してはいけません。むしろ「お役立ち記事に100点はない」くらいに考えた方がいいかもしれません。

記事は「70点が取れたかな」というくらいの完成度でアップします。アップしたあとで100点に近づけるべく修正を重ねていく。この方が現実的ですし、うまくいく可能性も高まります。

この手法はウェブというメディアの特性を生かしたものともいえます。例えば、紙の本ならこうはいきません。いったん印刷してしまったものに変更を加えるのは容易なことではないからです。

修正を簡単に加えられるのがウェブの長所。むしろ、「問題があれば、あとで直せばいい」というくらいの気持ちで取り組みましょう。

余談ですが、制作会社に何百万円も支払って、自社のウェブサイトを作る企業をときどき見かけます。その会社の方針ですから、第三者がとやかく言うことはないかもしれません。ただ、そういう会社に限ってネットをあまり理解していないことが多いのは残念です。

多額の資金を投じれば、確かにかっこいいサイトは出来上がるかもしれません。ただ、それですぐ成果が生まれるわけではありません。あくまでも読者の役に立つ記事を継続的にアップすることが第一だからです。本書をここまで読んでいただいた方にはご理解いただけると思います。

制作会社は何百万円もの対価をどこに使っているのでしょうか。詳しいことは分かりませんが、恐らく大半はグラフィック、それも人件費で消えていっているのではないでしょうか。サイトの制作会社が目指すべきなのは発注した会社に満足してもらうことではありません。エンドユーザーであるサイトの読者の満足度が上がるようなものを作ることでしょう。

同じ予算を使うのであれば、継続的な更新やリニューアルに力を入れるべきです。集客につながるサイトを作るにはその方がはるかに効果的です。例えて言うと、バイク愛好者は手に入れたバイクにそのまま乗り続けたりはしません。自分好みの仕様にカスタマイズすることが至上の喜びなのです。サイトにも同じことが言えます。

そもそも論になりますが、オウンドメディアを運営する目的はお役立ち記事を通じて読者を将来の顧客へと育てるためです。

まずはオウンドメディアの「中間目標」を定めましょう。読者にメルマガ登録やLINE公式アカウントへの友だち追加をしてもらえるかどうかです。誤解を恐れずに言えば、中間目標の達成は読者の個人情報を取得できるかどうかにかかっています。登録や友だち追加をしてくれたユーザーは「見込み客」と呼び、すでに商品を購入したことのある「顧客」とは別の分類がされています。登録や友だち追加をしてくれたユーザーにメッセージを送れば、安い予算で数百人、数千人、数万人に発信できるからです。これは多くの企業やマーケッターに取り入れられている手法。見込み客や顧客の情報を集め「リスト化」して活用することから、「リストマーケティング」とよばれます。

オウンドメディアを成功させるには「リスト登録率」の高い記事に注目しなければなりません。それらの記事はなぜ読者を引きつけ、登録や追加に結び付けられたのか。その点を解析し、同様の記事を再企画していくのです。

サイトを運営していくと、思いがけないことがよく起こります。あまり力を入れていない記事なのにリスト登録率は高かったり、すごく頑張った記事がそれほど伸びなかったり。そんなことはしょっちゅうです。

ただ、オウンドメディアはあくまでコンテンツマーケティングのツールです。こちらの思い入れや努力の多寡に縛られてはいけません。読者の反応やデータを見て、柔軟に対応していくことが求められます。

成果が出ているページがあれば、その理由を突き止めることです。理由が分かったら、それに近しい記事をまた作ります。思わしくないページも理由を割り出し、修正を加えていきます。

こうした再企画、修正を重ねることでオウンドメディアは充実していきます。顧客を育てる場は一朝一夕で出来上がるものではありません。

「一生懸命作る」のではなく、「一生懸命育てる」。この姿勢がオウンドメディア運営の成否を決める鍵です。

人気記事ランキングを作ってみる

アクセス解析の一環として自社オウンドメディアの「人気記事ランキング」を作ることができます。実際にやってみると、よく分かることがあります。思いもかけない記事が上位にランクインしてくるのです。

送り手である会社側が想定していた需要と、読者の側に実際にある需要は往々にしてすれ違います。これが現実です。すべての記事を人気ランキングで見てみれば、そのことは如実に分かります。

今度は読者の心理を分析してみましょう。今は比較サイトも花盛り。「行列が行列を呼ぶ」という言葉があるように、読者は「人気のあるもの」に興味を示します。**オウンドメディアに「人気記事ランキング」を載せてみましょう。上位の記事にアクセスしてくれる読者はきっといるはずです。**

人気記事の「タイトル」そのものにも注目する必要があります。最近の傾向ですが、「〇〇3つの方法」「◇◇5選」「△△のトップ5」といったリスト系の記事が好まれます。こうした記事を好む読者は自分の問題を解決する「唯一無二」の方法を探しているわけではありません。「みんなはどうしているのか」や、世間の相場・基準に興味があったり、複数の提案・選択肢を求めていたりします。

すでに例に挙げた「片思いサイト」のお話を思い出してください。ターゲットは結婚を考えている女性。「読者のニーズは片思い卒業のハウツーにある」と当初は思い込んでいました。そこで「片思い　方法」「片思い　電話のかけ方」「片思い　LINEの送り方」といった検索キーワードに当てはまる記事を用意したのです。

第5章

ところが、実際には「片思い　おまじない」が検索キーワードのトップ。運営側と読者には明らかなギャップがあることが分かりました。

とはいえ、サイト全体を「おまじない」寄りにするのは困難でした。次善の策として、おまじない関連の記事を増やしたり、おまじない要素を濃くするといった対策を打ちました。

検索でやってきた読者に何をしなければならないのか。シンプルな問いですが、正解はお分かりでしょうか。「検索を終わらせる」です。

例えば、「オムライスの作り方」が検索キーワードだったとします。その読者は検索の結果、あなたの会社のサイトに来ました。そこで「ああ、分かった」と納得し、ブラウザを閉じてくれれば成功です。

ところが、中にはその説明では腑《ふ》に落ちない人もいます。そうなると、また検索エンジンに戻って、あちこちのページに飛んでいかざるを得ません。こうした人にとって「オムライスの作り方」の問題はまだ解決していないのです。

検索でやってきた読者の検索を終わらせる。オウンドメディアの記事はそのつもりで作らなくてはなりません。読者に「ああ、分かった」と納得してもらってブラウザを閉じてもらうための勝負記事1本を載せる必要があります。

「初期設定読者像」と「リアル読者像」のズレを知る

オウンドメディアを立ち上げた当初に想定していた読者像と、実際にサイトを訪れる読者には必ずズレが生じます。これはやむを得ないことです。

ジャーナリズムの世界では、取材を「仮説の検証」と捉えています。現場に出る前、個々の取材者は「こうではないか」と仮の結論を設定します。現場に行き、当事者や関係者に話を聞いてみると、仮説とはズレがあることが分かります。そこで仮説を修正し、真の結論を導き出すのです。仮説に固執すると、現実を写し取った報道ができません。

音楽の世界にも同じような傾向があります。あくまで仕事として商業音楽を作り出し、演奏する。これがプロのロックミュージシャンです。流行に魂を売るわけではありませんが、自分たちが信じているものとファンが求めているものの共通項を探していく作業が欠かせません。この点ではマーケティングと何ら変わりはないのです。

オウンドメディア立ち上げでは多くの場合、当初の読者像を設定するのに多大な努力があったかもしれません。そこに思い入れがあることもあるでしょう。しかし、マーケティングの一環である以上、ズレがあれば、現実の読者像に寄せていかざるを得ません。

「正解は自分の中にあるわけではなくて、いつも結果が教えてくれる」。この考え方が大切です。

読者の離脱ポイントを発見し修正する

検索でやってきた読者に対して「検索を終わらせる」ことの重要性はすでにお話ししました。この点についてもう少し深掘りしてみましょう。

読者が自社のサイトから離脱するポイントを特定します。そこが修正できれば、より長くサイトにとどまってもらえるでしょう。

例えば、「直帰率」というデータがあります。ページに来て、すぐに帰ってしまう読者ほど、この数値が高くなるのです。直帰率の高い読者は検索で自社のサイトに来てくれてはいます。ただ、ページが開いた瞬間に戻ってしまっているのです。これには3つの原因が考えられます。

①物理的にページが重過ぎる

サイトの表示速度は検証可能です。これが遅いようでは快適な環境とはいえません。ページの速度調整には常に気を配っておく必要があります。

Googleにはページの速度が判定できるPageSpeed Insights（https://developers.google.com/speed/pagespeed/insights/?hl=ja）というサービスがあります。オウンドメディアのURLを打ち込み、分析ボタンを押すだけでスピードテストを無料で行うことができます。テストは100点満点中、自社のサイトが何点だったのかという結果を教えてくれます。90点以上を目指したいですが、最低でも70点以上は取れるようにしておくと、体感的にもストレスを感じにくいサイトになります。

それだけでなく、スピード改善のために何をすればいいのか、それをすることによってサイトの表示速度が何秒くらい改善できるのか、という想定値も教えてくれます。Webサイトに詳しくない方でも、ある程度の課題を発見できるので活用できるツールです。

注意点としては、オウンドメディアはすべてのページがトップページと同じレベルにあるとお話ししたことを思い出していただき、トップページだけでなく、記事ページの分析も行っていただくことです。そうすることで、また別のスコアや課題などが見えてくることがあります。

②冒頭の何行かで、見切りをつけられている

タイトルで釣った記事ではよくこうしたことが起こります。刺激的なワードに引っ張られて来てはみたものの、典型的な看板倒れ。中身が薄く、「騙《だま》された」と撤退してしまうパターンです。

内容が良くても直帰率が高い読者もいます。原因の多くは文字数を稼ぎ、読者の滞在時間を引き延ばそうと、本文でなかなか本題に入らないことにあるようです。

例えば、「駅前　立ち食いそば」で検索した読者がいたとします。この読者が探しているのは駅前で手っ取り早くそばが食べられるお店です。検索の結果、「駅そば10選」という記事がヒットしました。「これはいいかも」と記事に飛びます。

ところが、この記事では延々とそばの歴史やうんちくが続きます。かなりスクロールしないと、肝心の立ち食いそば情報に行き当たらないのです。

パソコンなら、ワンクリックでそこまで飛べる仕掛けがあります。ただ、スマートフォンではそのような操作ができないこともあります。

記事の中身はというと、なかなかしっかりしています。ただ、読者目線でまとめられているとは言い難い仕上がりです。

そば屋の主人がカウンターのお客にずっと世間話をしているようなものです。お腹をすかして来ているのですから、まずは品を出すべきでしょう。どんなに味に自信があっても、適切なタイミングを逃せば、価値は半減してしまいます。

③関連する記事や次に読んでもらいたい記事のリンクが設置されていない

離脱ポイントの修正で注目すべきもう1つのデータがあります。先述した「回遊率」

です。回遊率が伸びないサイトには共通する欠点があります。それは、関連する記事や次に読んでもらいたい記事のリンクが設置されていないことです。

この修正は比較的簡単。すでにサイトの中にある記事の途中に関連する記事を設置するだけでも、読者は見てくれます。

ウィキペディアのように「テキストリンク」を貼ってもいいでしょう。テキストリンクとはURLのリンクが埋め込まれた文字列のこと。本文の中に設置するタイプと、本文とは分けて設置するタイプの2種類があります。

例えば、ウィキペディアで「忍者」という項目を読んでいたとします。「忍者狩り」という映画のタイトルがテキストリンクになっています。忍者に関心のある読者なら、これで「忍者狩り」の解説ページに飛ぶかもしれません。ウィキペディアでは監督やキャストがテキストリンクとなっています。

ウィキペディアのテキストリンクはかなり精巧に設計されています。読者が次々に関連するページを読んでいけるつくりです。「あれも知りたい」「これも知りたい」という読者の潜在的なニーズを引き出す効果があり、結果的に滞在時間は長くなります。

もちろん、最初のキーワードで読者の問題を解決し、100%の満足度を与えられれば最高です。そこを目指すことは大事ですが、簡単ではありません。そのフォローとして関連記事の設定は有効です。

結婚式の準備サイトで「招待客をどこまで呼ぶか」という記事を書いたことがあります。「結婚式　招待　どこまで」といったキーワードで読者は来るだろうと考えました。

しかし、結果は意外なものでした。キーワードは「結婚式　会社　どこまで」や「結婚式　親戚　どこまで」が多かったのです。となると、記事では早い段階で会社の上司や同僚、親戚の話に触れる必要があります。冒頭から延々引っ張ると、先ほどの立ち食いそば屋の記事のように読者から途中で見切りをつけられてしまうからです。

読者が知りたいことは、なるべく早く分かるようにする。これはお役立ち記事の鉄則です。私も検索結果の分析を踏まえ、記事中で会社や親戚の話題を前に持ってくるよう修正を加えました。

「答えがすぐ分かったら、読者の滞在時間が短くなるんじゃないか?」

そんな疑問を持つ人もいるでしょう。結論から言えば、そうはなりません。答えをまず提示し、そのあとで理由を説明する。人は答えを知ったあとに理由が知りたくなる傾向がありますから、答えから先に伝えてもその先をちゃんと読んでくれます。

それよりも出し惜しみの弊害の方が大きいといえます。答えをなかなか明かさないことで読者に早々に去られてしまうことの損失は計り知れません。

let's take a break

ヒートマップを使いこなしてピンポイントの修正を

ウェブサイトの運営に欠かせないツールの1つが「ヒートマップ」です。サイトの各ページでユーザーがどのような行動をするのかを、分かりやすく色で表現することができる優れもの。専門知識がなくても簡単にユーザーの詳細な行動を把握できる点に特徴があります。

弊社で運用しているランディングページ（LP）を例にヒートマップの効用を説明していきます。

弊社では「アテンションヒートマップ」「スクロールヒートマップ」「クリックヒートマップ」の3種類を使っています。分かりやすさから言えば、クリックヒートマップが一番です。

ユーザーがクリックした場所、リンクやボタンはもちろん何も設置していないスペースへのクリックをすべて知ることができます。リンクなどの効率を確認す

る上で力を発揮します。

基本的にはボタンやリンクのあるところ（クリックできるところ）しか押されません。ただし、クリックヒートマップを使えば、「押してもらいたいコンテンツは押されているのか？」「同一のリンク先を複数箇所に用意している場合、どこがより押されているのか？」といったディテールもつかめます。

このサイトでは「会社概要」への関心が高いことが分かります。会社のロゴを押すと、会社のサイトに飛べます。このLPに来た読者はここで話されていることはもちろん、運営会社にも興味を抱いているようです。

スクロールヒートマップはユーザーのページスクロール率をヒートマップで表現する機能を持っています。すべてのヒートマップ解析の基本となります。ユーザーの滞在時間によって色合いが変わる（滞在時間が長いほど赤く、短いほど青く表示される）ため、直感的にサイトの状況を把握することが可能です。

スクロールヒートマップを使えば、読者がどこまで残っているかが一目瞭然です。このLPでいえば、途中までは１００％ですが、下へ行くほど青くなっていきます。一番下まで半分くらいの読者が残っています。手前味噌ですが、なかなか優秀かもしれません。

アテンションヒートマップはページ内で読者がよく見ていた箇所を、その滞在時間から総和し、濃淡で可視化する機能を備えています。読者がどんなコンテンツに関心を持っていて、何を読んでいるか（どこを飛ばしているか）などを把握できます。

どの画面で止まっている時間が長いかによって、読者がどこを読んでいるのかが分かります。ほとんど色がついていないところは流し読みされているか、飛ばされているかのどちらかでしょう。

「代表挨拶」はかなり読まれているようです。読者の関心は「この人物は誰なんだ?」というところにあるのでしょうか。読者の知りたいことは「何が分かるか」ではなく、「誰が教えてくれるか」にあるようです。となれば、修正の方向性も変わってきます。

第6章

「お役立ち情報」を読むたびに、読者は買いたくなっていく

読者を「一生客」に育てる心構え

「今すぐ客」の取り合いは不毛な消耗戦――第1章でそんなお話をしました。そこに力を割いているようでは、今後ウェブはもちろん、リアルの世界でも生き残りは難しいでしょう。

ビジネスは長期的な収益拡大を目指す持続可能なものでなくてはなりません。「今すぐ客」を取り込んで、瞬間最大風速的に売り上げを伸ばす。これ自体は確かにすごいかもしれませんが、手放しに喜ぶことはできません。

会社が存続し、事業を継続していくことにこそ、ビジネスにおける最大の価値があります。会社と事業を続けていきたいのであれば、顧客とのお付き合いも中長期的な視野の下に長く続ける必要があります。

少子高齢社会を迎えた日本では、顧客の獲得単価は高くなる傾向にあります。縮小していくパイを奪い合っている以上、一度つかまえた顧客を手放すわけにはいきません。長いお付き合いを顧客と続けていくことには、この点からも合理性があるのです。

「2割のロイヤルカスタマー（企業や商品に愛着をもち、継続的に購入・利用してくれる顧客）が売り上げの8割を占める」という法則があるそうです。いわば、「一生客」です。国内外で名を馳《は》せている有名企業は恐らくこうした顧客を多数抱えているのでしょう。そうした顧客を1人でも増やしていける態勢づくりが求められています。コンテンツマーケティングはそのための有効な手段の1つになり得ます。

私も今までさまざまなビジネスを手掛けてきました。しかし、新規客が売り上げ全体の3割を超えることはほとんどありませんでした。基本的には既存客に支えられながら、事業を続けてきたといえます。ついつい新規客に目が行きがちですが、一生のお客様はもっと大事にされていいのではないでしょうか。

胃腸薬や目薬などの一般用医薬品で知られる「ロート製薬」。かつては『ドラゴンボール』（フジテレビ系）や『ヤッターマン』（日本テレビ系）などの人気アニメ番組の提供をしていました。アニメの主な視聴者である子どもたちが胃薬を飲むことはほとんどありません。目薬をさすのはせいぜい夏場、学校でプールを使った水泳の授業があるときだけでしょう。

一説には、これは戦略的な取り組みだともいわれています。コマーシャルを通じ、子どもの頃から「日薬といえばロート製薬」と刷り込みを行うのです。信頼関係がしっかり醸成されていますから、大人になっても「まあ、ロート製薬なら大丈夫かな」と商品を買ってくれるといいます。まさに一生のお客様です。

自社優位性は事例をもとに解説する

オウンドメディアを立ち上げ、読者を顧客に育て上げていく上で重要な鍵となるのが、「独自性」です。「他社ではなく、なぜこの会社でなければいけないのか」を読者にしっかり理解してもらう必要があります。

そのためには自社の優位性をよく知っておかなければなりません。**最初に読者が何を求めているかをリサーチする時点で、自社が他社に比べて優れているのはどこかを明確にしておきましょう。**その上で読者を教育していくことが大事です。

ここからは自社の優位性をいかに解説するかについて、私が経営する「コピー&

マーケティング」の事例をもとに説明していきます。

弊社はコンテンツマーケティング支援を事業の柱の1つにしています。一方で、支援会社でありながら、自社でもコンテンツマーケティングを用いてビジネスを展開しています。

この点で「実践をしない単なるコンサルティング会社」とは明確な違いがあります。「現実にコンテンツマーケティングを手掛け、利益を出している。その経験を踏まえ、支援を行います」という姿勢を打ち出せることが弊社の優位性だと認識しています。

ウェブデザインも弊社の事業の柱です。「かっこいいもの」「いい感じのもの」を作ることはもちろん大事です。しかし、弊社はそこだけに注力しているわけではありません。提供したウェブデザインによってどれだけ売り上げが伸びたのか、顧客はどれだけ増えたのかといった波及効果をより重視しています。弊社のウェブデザインはマーケティング思考の下にある事業なのです。

ですから、単に見てくれのいいウェブデザインをする会社ではありません。あくまでマーケティング思考で見た場合に「いいデザイン」を実現することを目指しています。

自社の優位性は、事例を基に解説するよう心がけましょう。説得力が違ってきます。

「全部無料」のキーワードで読者の心をつかむ

「全部無料」と謳《うた》っているウェブサイトはもはや珍しくはありません。むしろ、見慣れてきた感があります。

全部無料が当たり前になった今、自社のオウンドメディアでも全部無料をいつでも打ち出せるくらいの環境や覚悟がないと、読者の心をつかむことはできないでしょう。

現在のインターネットはまさに「無料」のサービスがあふれています。動画は無料で見られます。SNSを使えば、タダで友達とコミュニケーションがとれます。

今や多くの企業が最初のステージで無料のサービスを提供するようになりました。

そこで読者との信頼関係を築き、購入行動に結びつけていきます。

あなたの会社のオウンドメディアも例外ではありません。**全部無料と謳えるような**

何かを読者に提供しましょう。未来の顧客につながる信頼感はそこから生まれてきます。

コンテンツマーケティングは従来型の広告費こそかからないものの、決して省力型の手法ではありません。効果を得ようとするなら、かえって手間暇はかかるとさえいえます。

ただ、世間のトレンドは無視できません。全部無料が当たり前ならば、手間暇のかかっているオウンドメディアであっても、その流れには乗るしかないでしょう。「損して得取れ」の精神でトライするのです。将来には「一生客」というかけがえのない財産が待っています。

「どれだけ無料で提供しても、自分たちの価値は下がらない」

私はこの信念をずっと抱いてきました。そこで信頼を勝ち取ることができれば、安いものです。信頼はプライスレスなのですから。

ところで、コンテンツマーケティングを続けていると、こんな思いに駆られることはないでしょうか。

「こんなに頻繁に更新している記事だけど、読者にただで提供していいのか？」

「今、無料の記事を書いているスタッフに飛び込み営業でもしてもらった方が、売り上げはよほど上がるんじゃないか？」

「コンテンツマーケティングに意味なんかあるんだろうか？」

資金繰りが潤沢な企業ばかりではありません。魔が差すこともときにはあるでしょう。

しかし、私はこうした声に耳は貸しません。それどころか、弊社のスタッフにはこんなふうに活を入れています。

『無料』という言葉にひかれて、100人の読者がサイトを訪れたとする。そのうち99人に無視されたって構わない。残りの1人が熱狂的なファンになってくれる。そんな文章を書こうじゃないか」

手紙に対価を求める人はいません。ただ、宛先によって送り手の熱に違いは出ます。取引先へのビジネスレターと、親に向けて書いた手紙。両者ではレベルがまったく違うことでしょう。前者は誰が読んでも大した感想を抱くことはないはずです。しかし、後者はそうはいきません。子どもが書いた手紙に目を通して心を揺さぶられない親はいないでしょう。

全員に好かれる必要はありません。目には見えなくても、毎日少数の読者は獲得できています。そのわずかな読者に似た人は結構大勢いるものです。

オウンドメディアの記事は無料が当たり前です。ただし、すべての読者に満足してもらう必要はありません。ごく少数でもいいから、一部に熱い支持者が生まれればそれでいいのです。

だからこそ「困っている人」を想定して、その人の悩みを解決すべく、親に送る手紙のように真摯《しんし》にお役立ち記事を書いていきましょう。この『「困っている人」を想定して』が、先にもお伝えしましたペルソナです。

「0→1回目の購入確率」は20%、「1→2回目の購入確率」は40%

見出しに掲げたのは、私が運営に関わっていたある企業のウェブサイトで実際に出した数字です。私はマーケティング担当の立場で参加していました。

文字通り、購入者の数字です。「0➡1回目の購入確率」は新規の読者、「1➡2回目の購入確率」はリピーターを指しています。

新規客は20％、リピーターは40％。この数字は何を物語っているのでしょうか。多くの企業が新規の読者の獲得に力を注いでいます。しかし、新規客の購入確率はリピーターの半分にすぎません。

確かにマーケティングでの新商品開発は、基本的に「新規顧客獲得」を前提にしています。

高度成長期からバブル期にかけてはさまざまな消費者ニーズが顕在化していました。しかも、そのニーズは大量だったのです。そのため、失う顧客以上の新規顧客獲得が可能でした。

しかし、今や消費者ニーズは潜在化。競合他社は増え、ニーズも大量で長期的なものは望めなくなってきています。

日本ではほとんどの業界がもはや成長期にはありません。完全に成熟が進んでいます。多種多様の競合商品が存在し、どの商品の情報もインターネットなどで簡単に知ることができるようになっています。

現在、顧客は他社商品に乗り換えることも非常に簡単です。今は購入頻度の高い顧客でも、他社商品に興味が移っている。そんなケースも少なくないでしょう。

このような状況では、新規顧客獲得の量よりも失う顧客の量の方が多くなりかねません。新しい顧客の獲得は以前に比べ格段に難しくなってきています。

そんな環境で自社が成長していくには、競合から顧客を守り、奪い、シェアを維持拡大していく他ありません。

今こそ、もっと既存の顧客を大事にすることを考えた方がいいのではないでしょうか。「一生客」を育てることの意義はますます高まってきているのです。

返報性の法則を活用しよう

「返報性の法則」という言葉を聞いたことがあるでしょうか。これを活用した代表的な例が「スーパーの試食品コーナー」です。

「無料でどうぞ」とプレゼントを何度も繰り返していくと、人間は心理的に「もらってばかりじゃ悪いから、何かお返しをしよう」という思いにとらわれるようになります。こうした心境の変化に法則性があると定義したのが、返報性の法則です。この法則はビジネスでも有効に活用できます。

何度か強調してきましたが、現在は無料が当たり前の時代。既存の商品が有料であったとしても、「無料で提供するにはどうすればいいか」と知恵を絞らなければなりません。ここでアイデアを出せれば、そのまま返報性の法則の活用につなげられます。

無料サービスの代表例といえば、再春館製薬の「ドモホルンリンクル」が有名です。同社は無料でサンプルを送っても、「営業の電話はかけない」戦術を取っています。「サンプルを使ってみて良かった」「執拗《しつよう》な営業もなかった」といった好印象が残れば、返報性の法則は着実に効果を上げていきます。

返報性の法則は新規顧客の獲得にだけ使うものではありません。既存の顧客に対しても有効です。既存の顧客は自社にお金を払い続けてくれています。競合他社の提案を断って自社を選んでくれてもいます。それをずっと繰り返しているのが既存顧客という存在なのです。そうした方々に「売る」以外の何ができるのか。ビジネスにおける大事なテーマではないでしょうか。

携帯電話サービスを例に取ると、次のようなものが考えられます。

▽既存顧客維持①「無料通話分の繰り越しサービス」

実質的値引きで競争力を向上させ、他社への乗り換えを防ぐ。

▽既存顧客維持②「ポイントサービス」

次回の機器購入時などに累積ポイントを利用してもらい割引。継続利用させる。

▽既存顧客維持③「継続利用割引」

3年以上の継続利用で月額料金を割引。他社への乗り換えを防ぐ。

▽新規顧客獲得④「ファミリー割引」

家族の携帯電話需要の取り込みを図る。

▽新規顧客獲得⑤「学割」

利用料金を下げ、学生層を取り込む。社会人になっても使ってもらえるようにする。

第6章

コンテンツマーケティングでいえば、読者から顧客への成長過程にあるユーザーへも返報性の法則を生かしたサービスを提供し続ける必要があります。

「本当は有料のものをどうやったら無料で提供できるか」を多くのビジネスパーソンが考えています。

あなたにも「無料化」「お試し商品の作り方」のアイデアをぜひ編み出していただきたいと思います。

読者が1秒で「リスト登録」したくなる「特典」の選び方

オウンドメディアにおける「個人情報取得」の重要性についてはすでにお話ししました。具体的にはメルマガに登録してもらったり、LINE公式アカウントを友だち追加してもらったりすることです。

各社のオウンドメディアでは登録や追加を促すため、さまざまな特典を用意しています。では、本当に有効な特典とはどんなものでしょうか。

私はこれも「無料」だと考えています。あるいは「お試し」「体験」もあるかもしれません。ただ、これらも無料の変形です。現時点で無料サービスに勝る特典はちょっと見当たりません。

顧客がそれだけ購入に慎重になっているともいえます。無料やお試し、体験でテストしてみて、気に入れば買う。こうしたサービスもスマートフォンがここまで普及しなければ、考えられないものでした。今やスマホは業種を超えた巨大な「試着室」になっているといっていいでしょう。

お役立ち記事を読み、読者は自分の問題を解決する一般的な方法についてすでに分かっています。しかし、「自分の場合はどうなのか知りたい」「話を聞いてほしい」といった要望を抱えている読者もいます。

無料を生かした特典には3つのパターンが考えられます。

①「記事で紹介した内容よりももっとたくさんのことを知ることができます」と謳《うた》って登録や追加に誘導

②「記事の内容をまとめたPDFがもらえます」と謳って登録や追加に誘導

③「あなたに合ったアドバイスをします」と謳って登録や追加に誘導

こうした特典を使えば、登録や追加は確かに増えます。特典は「読者のステージを1つ上げる」場だともいえます。

一例を挙げてみます。B to B（企業間取引）の世界では最近、「ホワイトペーパー戦略」が注目を集めています。ホワイトペーパーは顧客や見込み客とのマーケティングコミュニケーションのための資料として用いられます。調査されたデータ、タイトルに沿った解説と関連している具体的なソリューションや製品を売り込むように作成されているケースが多いのが特徴です。

ホワイトペーパーとは何でしょうか。例えば、セールスの仕方を紹介するオウンドメディアがあったとします。記事を読んでいくと、「これで完璧、B to B向けセールス戦略20選」などと題した冊子がPDFデータでダウンロードできるボタンが設定されています。

セールスの手法が気になって記事を読んできた読者にこの冊子をプレゼントするのです。関連しているもの、コンテンツの内容をさらに深めるようなものをダウンロードさせる。これがホワイトペーパー戦略。ここ何年か流行しているセールスの手法です。マーケティングのツールとして見込み客の参考になるだけでなく、作成した人や会社に好ましい情報を伝える手法として活用されています。

しかし、現実にはこうした冊子を読む人はほとんどいません。ただ、ダウンロードするためには、氏名や住所、メールアドレスなどの個人情報をフォームに入力しなければならないのです。それらの個人情報を通じて、企業はメッセージを送り、営業のアプローチを図っていきます。

悩みを真剣に解決するお役立ち記事は、個人情報入力を乗り越えて特典をもらってくれるまで信頼関係を結ぶのに有効です。

特典は読者に喜んでもらうためのもの。心を込めて用意しなければなりません。しかし、読者が入力してくれた個人情報は、今後プッシュ型のアプローチをするための経路となります。

ただし、プッシュ型といっても、単に商品を押し付けるのではありません。理論的に「○○だから利用すると○○のメリットがあり、○○な未来が手に入る」といった知識はお役立ち記事を通じてすでに読者の血肉となっています。そうした読者であるからこそ、商品を提示するだけで読者の方から「欲しい」と言ってくれるようになるのです。

let's take a break

読ませるネット記事と買わせるネット記事の違い

「読ませる」ネット記事と「買わせる」ネット記事の違いについてはすでにお話ししました。ここでは少し違った角度からもう一度説明することにします。

❖「読ませる」記事

読者の気持ちに徹底して寄り添わなくてはいけません。「読者はどんな問題を抱えているのか」「どんなキーワードで検索しているのか」といったリサーチの重要性は以前述べた通りです。

❖「買わせる」記事

読ませる記事で信頼関係が築けた読者に対して、その悩みをいち早く解決する方法（商品やサービス）があると提案していくものです。

ここで大事なことは「混ぜるな危険」。「読ませる」と「買わせる」双方の要素を1本の記事に混ぜ込んではいけません。どっちつかずで分かりにくい中途半端

第6章

な記事になってしまうからです。

自分が書く記事は「読ませる」なのか、「買わせる」なのか。事前に目的を明確にしておく必要があります。

最初に読者と接触するページでは、十分に満足させる記事を掲載すべきです。まずは満足して信頼してもらわないと、「買わせる」記事は読んでもらえません。満足した読者は「買わせる」記事に誘導。売り手が言いたいことを読んでもらい、購入につなげます。

「買わせる」記事は検索でヒットさせる必要すらありません。一見さんには検索でまず「読ませる」記事に来てもらう。そこから誘導するので、検索で上位にくる必要はないのです。

ただし、お役立ち記事は基本的にあくまで単独記事です。検索で訪問する読者の方が多いと考えられる中、どのように読者の成長レベルを見極めて書き続けていけばいいのでしょうか。

ここで思い出していただきたいのが第3章で説明した「連載形式」「シリーズ

化」の効果です。

例えば、第5回の記事を検索で初見した読者がいたとします。「あ、1回目から読んだら分かるのか！」と思い当たったその人を、記事内のリンクから第1回に誘導。そこから教育して第2回、3回と進んで成長してもらうのです。

だから「連載形式」「シリーズ化」は読者を育てるのに有効なのです。

第7章

売り込まなくても高額商品が売れる理由

顧客は購入回数別に４段階に分ける

マーケティングの世界では顧客を購入回数で分類しています。４段階に分けるのが一般的です。

購入回数で分類される４種類の顧客

①見込み客
まだ商品やサービスを買ったことがない顧客予備軍。コンテンツマーケティングの対象でもあります。

②新規客
初めて自社で買った顧客。

③固定客
何度か自社で買ったことのある顧客。

④優良客

長年買ってくれている顧客。自社のファンともいえます。ぜひとも獲得しなければならない対象です。

コンテンツマーケティングが標的とする①の見込み客は、さらに4つに分類できます。

4種類の「見込み客」

(i)今すぐ客

「今すぐ必要。今欲しい」と思っています。コンテンツマーケティングより従来型の広告で集める方が効果的。ただし、競合他社との熾烈《しれつ》な争いは避けられません。

(ii)お悩み客

「悩んではいるものの、解決策をまだ見つけられていない。これから探そう」と思っている。あるいは「欲しいけど、どれにしよう」と他社と比較して迷っています。

自社の商品の優位性とそれを買うことで得られる未来を伝えます。競合他社と比べてどこが優れているのかも忘れずに。

ⅲ そのうち客

「今は必要ない。でも、いつか欲しい」と思っています。コンテンツマーケティングの主要な標的です。

「そのうち客」には「今買うこと」の優位性を示す必要があります。「今買えば、こんな未来が手に入ります」とイメージさせてあげることです。

ⅳ まだまだ客

「今は必要ないし、そんなに欲しくもない」と思っています。

見込み客の圧倒的多数派であり、ここもコンテンツマーケティングの主要な標的になる場合があります。問題の教育をしてニーズを明確にしてあげることで、「そのうち客」や「お悩み客」に成長していき、将来の「優良客」になることも期待できます。

「この商品いいわよ」の口コミ客が一番の営業担当者

人類の歴史上、現代は「第三者の声に最も影響される時代」といっていいかもしれません。背景にはもちろんインターネットの浸透があります。グルメサイトの「口コミ」やECサイトの「カスタマーレビュー」の影響力の大きさは誰でも知っているでしょう。

こうした「声」によって、顧客の動きは大きく左右されます。今や「この商品いいわよ」と言ってくれる口コミ客は、一番の営業担当者といってもいいでしょう。

飲食店の中には口コミを重視するあまり、グルメサイト対策に時間やお金をかけているところも少なくありません。もちろん、それも大事。ただ、それだけが対策ではありません。

売り手の側はアンケートで独自の「口コミ」を拾いに行くことが重要です。待っている場合ではありません。自ら顧客の生の声と向き合うのです。

アンケート調査では読者が構えてしまう傾向があります。市場調査を行う場合の方法としての優位性という点でアンケートはあまり高くないかもしれません。しかし、集客においては効果を発揮することもあります。

顧客の声を拾う際に落としてはならないポイントは、次の5つです。

①この商品（サービス）を知る前はどんなことで悩んでいましたか？——思った通りの見込み客が来ているか

②何がきっかけでこの商品（サービス）を知りましたか？——広告が効果を挙げているか（口コミの影響力はどうか）

③すぐに使い始めましたか？（「ノー」の場合）その理由を教えてください——使用を後回しにされていないか（されている場合はその理由）

④何が決め手となって使い始めましたか？——商品やサービスを体験するきっかけがどこにあり、何がユーザーに響いたのか

⑤実際に使ってみてどうでしたか？——口コミが広がるかどうか

私はもう数年にわたって、アンケートを取る際、この設問を用いています。

例えば、オウンドメディアに読者の口コミを載せてみる。これだけでも十分意味は

あります。個々の商品やサービスに読者の口コミやレビューがつくことで、従来型の広告にはない信頼感が生まれるからです。

先ほど、顧客を4段階で分類しました。自社で長らく買ってくれている「優良客」はそのまま口コミ客になってくれるでしょうか。必ずしもそうとはいえません。繰り返しますが、良い口コミは待っていても得られないのです。待っていて集まってくるのはキツい意見ばかり。高評価を自ら拾いに行く手間を惜しんではいけません。

自分がレストランに行ったときのことを考えれば、すぐに分かります。すごくおいしい料理が出てきたとして、「グルメサイトで褒めよう」と思うでしょうか。万が一そのときはそう思ったとしても、実行する人は少ないはずです。

一方、ひどい料理が出てきたり、接客が話にならなかったりした場合はどうでしょう。帰り道にでもスマホで批判的な意見を書き込むのではないでしょうか。これは比較的簡単な行為。ネガティブな感情の方が口コミにつながりやすいようです。

「休眠客」を作らぬよう絶えずコミュニケーションを

2割の既存客が全売上の8割をつくる――マーケッターなら誰でも知っているセオリーです。

これを踏まえ、売り込まなくても高額商品を売るにはどうすればいいでしょうか。それは、顧客を育成すること、とりわけ**既存客を活性化させること**です。

顧客に「リピートしなくなった理由」を尋ねてみると、だいたい決まった答えが返ってきます。「忘れていた」です。「ここで買ったことを忘れていた」「このお店を忘れていた」という顧客は決して少なくありません。

そういえば、飲食業専門のコンサルタントも「常連客が来なくなる最大の理由は『何となく』なんだ」と言っていました。

売り手の側に致命的なミスがなくても、顧客は来なくなることがあります。そこに明確な理由はないことが多いのです。

ですから、既存客とはコミュニケーションを取り続ける必要があります。つながりを絶ってはいけません。「休眠客」を作らないこと。これが「活性化」の中身です。

通信販売の大手に、カタログを定期的に顧客へと送ってくることで有名な会社があります。カタログはかなり分厚いもので、恐らく送料もバカにならないでしょう。

それでも送り続けているのはなぜか。こんな話を聞いたことがあります。送られてきたカタログに個々の顧客が年に1回反応すれば、カタログや郵送の費用は回収できるというのです。仮に1回送るのに500円かかるとして、月に1回1年で6000円。ただ、1人の顧客が1回でも購入してくれれば、ほぼ回収できるそうです。

やはり休眠客を作らないために最も大事なのはコミュニケーションを取り続ける努力でしょう。

次ページの図で説明します。毎月定期的にダイレクトメール（DM）を送っていたのに、ある月に1回だけ事情があって休んでしまったとします。顧客が商品を「欲しい」と思ったタイミングがたまたまそこに重なってしまったら、最悪です。顧客がいつ「欲しい」と思うかは誰にも分かりません。その人の性格やライフスタイル、商品

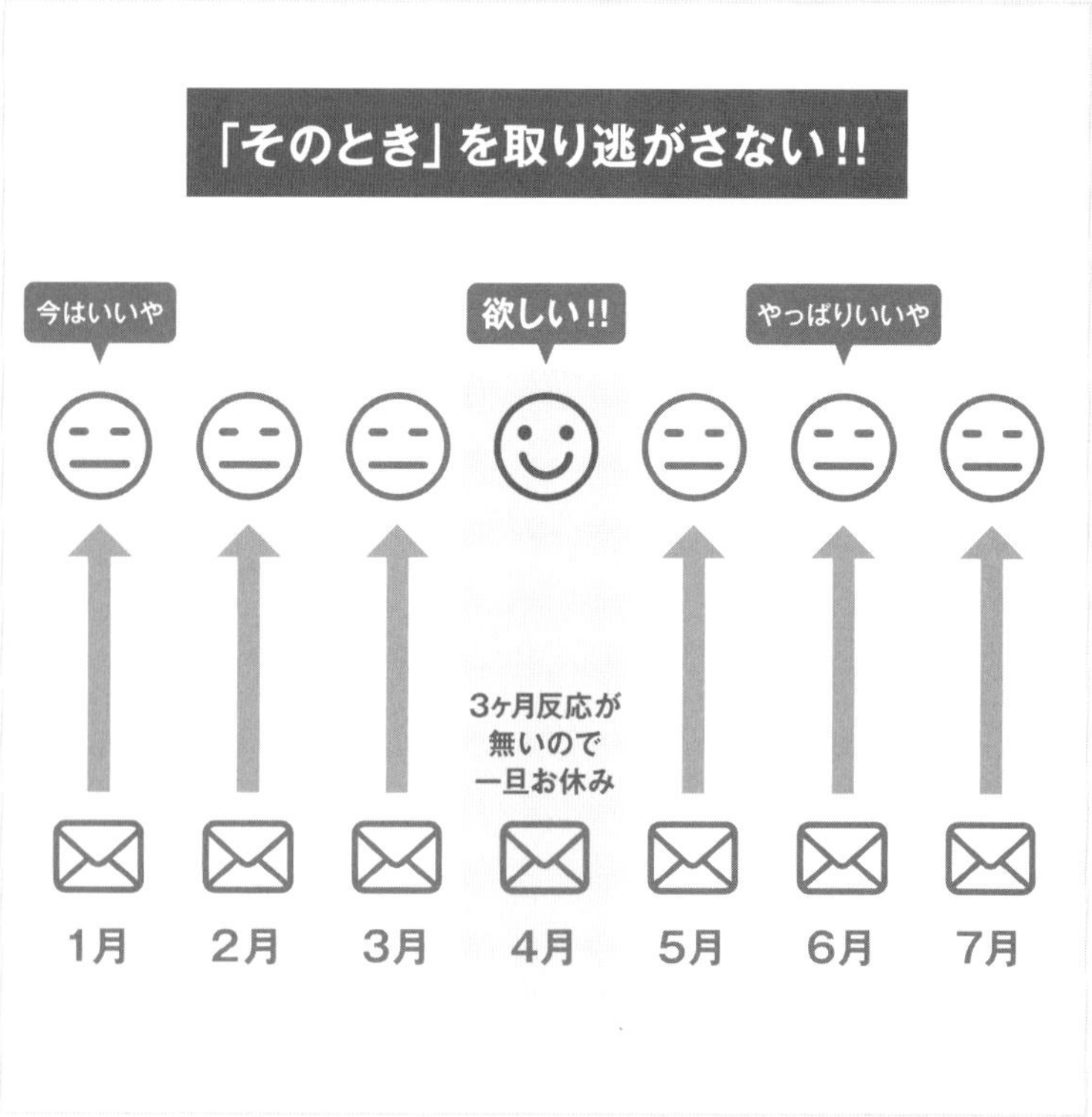
「そのとき」を取り逃がさない!!
今はいいや
欲しい!!
やっぱりいいや
3ヶ月反応が
無いので
一旦お休み
1月
2月
3月
4月
5月
6月
7月

によっても変わってくるでしょう。予測不可能な「そのとき」を取り逃さないためには、常に側に「いる」ことが大事。ですから、定期的なコミュニケーション（カタログやDMの送付）を欠かすことはできないのです。

本命商品はこうして売る！　販売劇場のシナリオを書く

人は「ストーリーに弱い」習性があります。赤ちゃんの頃は絵本の読み聞かせをしてもらい、小学校に入れば国語の時間にさまざまな童話や小説に触れます。他にもマンガや映画、テレビドラマ、演劇など、暮らしの周辺にはいつもストーリーがあります。大人になっても、その環境から逃れることはできません。

人間誰しもストーリーに心を動かされやすいのは自然なことです。商品やサービスを売る際にも、この習性を活用するとうまくいくことがあります。

理想的なのは、その商品自体にストーリーがあることです。この場合、ストーリー自体が最高のセールスパーソンになってくれます。30年の歳月をかけてようやく開発にこぎ着けた商品があるとすれば、これだけでも十分にストーリー性があります。

ある医薬品の例を挙げましょう。しみ・そばかす、ニキビ、湿疹、かぶれなどに効果があると謳《うた》っています。一説によれば、商品開発担当者の祖母が肌のトラブルに悩んでいました。孫である担当者は「美しくありたい」という祖母の願いを受け止め、開発に努めました。その結果、誕生した商品に祖母にあやかった名をつけたといいます。これも1つのストーリーです。

このように**商品の開発担当者や開発過程にストーリーがあれば、売りやすくなります。**まずは商品に隠されたストーリーを探してみましょう。

商品誕生の経緯、発売以降の出来事など、何らかの困難には直面しているはずです。どんな商品でも順風満帆のうちに発売できたものはありません。拾い出したエピソードをつなげていけば、「販売劇場」のシナリオはおのずと書き上がっていきます。

高額商品を買わなかった人に廉価商品を売る手法「ダウンセル」

「ダウンセル」というマーケティング用語をご存じでしょうか。

ある商品を20万円で販売しようとしたとします。顧客が「予算が合わない」「そこまでのクオリティーを求めていない」といった理由から購入を見送ろうとしました。

そこで当初より低いグレードの商品を「お試しでいかがですか？」と価格5万円で提案する――これがダウンセルです。より上級の商品を販売しようとする「アップセル」という手法もあります。

頭の中が「20万円で買うか、買わないか」でいっぱいのとき、5万円の商品を提案されれば、顧客は通常よりも安く感じます。思考の基準が元の20万円に合っているからです。「だったら、いいかも」とつい触手を伸ばしてしまうのです。この心理特性に乗ってみるのもいいかもしれません。

ダウンセルはもともと取りこぼしを防止するために生まれた手法です。その意味合いからも使ってみるべきでしょう。

ダウンセルで接点を持った顧客が、のちのち高価なものが必要になったとき、自分の店で買ってくれる顧客になることもあります。顧客を育てていく上では「つながりを絶やさない」ことが大事。価格で決裂して買ってもらえなければ、関係もそれまでです。その点、取りこぼしを防ぐ手法は覚えておいて損はないでしょう。

コンテンツで集めた顧客は1・5倍買ってくれる

あくまで私の経験則ですが、広告で集めた顧客よりもコンテンツマーケティングで集めた顧客の方が質が良いようです。弊社のデータですと、後者は前者の1・5倍購入してくださいます。この対比は、最初の商品購入時からその後もずっと変わりません。

広告とコンテンツマーケティングの比較では、「プッシュ型」「プル型」を思い出してください。プッシュ型で集めた顧客と、プル型で集めた顧客では意識のレベルにも違いがあります。

プッシュ型では顧客の意思とは関係なく、売り手側が半強制的に情報を押し付けます。それに対して、プル型では顧客が主体的に情報の取捨選択を行います。その上で売り手が顧客を引き込んでいくのです。加えて、お役立ち記事を通じて信頼関係が築かれています。両者のこの違いが1・5倍という数字に表れているのでしょう。

この対比は恐らくどんな業界でも変わらないでしょう。例えば、広告で１００人の顧客を集めても、10人しか買ってくれない商品があったとします。これがプル型の顧客だと、１００人中15人が買ってくれるのです。

顧客には質の良し悪しが確かにあります。しかし、客質を「買ってくれる／買ってくれない」「高額商品を購入する／定額商品しか購入しない」だけで判断するのはいかがなものでしょうか（そもそもまだ買ってくれていない人は「顧客」ではありません）。そう考える人は決して少なくないはずです。

質の面以外でも、コンテンツマーケティングで育てた顧客には特徴があります。**読者からゆっくりと育てていく過程で豊かな知識が培われているので、優良客になってもらえる**ことが多くなります。お役立ち記事を通じて、強固な信頼関係が築かれているることから、一生お付き合いのできる息の長い顧客になっていただけることも珍しくはありません。

こうした出会いを経験できるのも、コンテンツマーケティングの醍醐味《だいごみ》といえるでしょう。

let's take a break

1本3万円の恋愛DVDがなぜ一晩で100本売れたのか？

私のクライアントの話です。以前、1本3万円もするDVDを一晩で100本売り切ったことがありました。収録時間は120分ほど。内容はユーザーの恋愛に関する悩みに答えるものです。

この経験から何を学べばいいのでしょうか。分析してみると、ポイントは3つあると考えられます。

①顧客と長期に接触していたこと

アンケートも取っていたので、顧客が「何に困っていて、どうしたいのか」を完全に把握できていました。いわば、最初から「正解」があったわけです。その上で商品を作ったのですから、売れるための最初のハードルはクリアできたも同然でした。

②商品を売る前の段階で顧客が成長していたこと

コンテンツマーケティングを続けていたため、顧客との信頼関係もすでに強固なものとなっていました。

③セールスがうまくいっていたこと

この場合は、特に文章術と納期が効果を上げました。ビジネスパーソンは納期に向かって行動する生き物です。このときはそれがうまく結果に結びついたのです。社内で売上目標を立て、それに向かって一丸となり頑張りました。

私は、まったく売れていなかったスキンケア石鹸《せっけん》が月間3000個売れるようになった事例、集客がうまくいっていなかった占いサイトが毎月新規ユーザーを1000人獲得できるようになった事例、広告集客に依存していた能力開発セミナーへの広告費ゼロ集客（オウンドメディア経由）達成、英語教材やコピーライター講座の販売などにも関わってきました。

特に面白かったのが、オールインワン化粧品です。開発者の話を聞いてみると確かに良い商品で、世の中の女性はぜひこれを使うべきと思いました。しかしリサーチをしていくと、「オールインワン化粧品はあまり良くない」「スキンケアをサボっている人が使いがち」というようなイメージがターゲットの中にあることが分かりました。

そこで実際には「オールインワン化粧品は、スキンケアをサボっている人向けのものではない」「スキンケアに真剣に取り組んでいる方こそ使うべき」ということを販売ページ内のコンテンツで教育していきました。肌のタッチ回数でダメージが蓄積されるので、タッチ回数が最小であるオールインワンが良いのではという訴求です。

すると、その商品はみるみる売れていき、当初ネット通販のみでしたが、やがてさまざまなところから販売したいという声がかかり、店頭での販売にも拡大していくことができました。

第8章

広告費にしがみつかない
マーケティング新時代

お金をかければ物が売れる時代は終わった

本書では、従来型の広告に対してこれまでのようにお金をかける手法に疑問を投げかけてきました。最終章でもう一度、強調しておきます。**「お金をかけさえすれば、物は売れる」という時代は完全に終わりを告げた。**そう言い切っていいと思います。

時代の転換点は恐らく2000年前後にあったのでしょう。この年、日本におけるインターネットの人口普及率が37・1％に達しました。Googleが日本語の検索サービスを開始し、Amazon.co.jpが日本でサービスをスタートさせたのもこの年です。そして、2009年には完全に風景が変わっていました。この年、国内でのスマートフォン出荷台数の約7割をiPhoneが占め、日本で一気にスマホが普及します。

この間、買い手である顧客サイドは一貫してリテラシーを上げてきました。ネットが完全に浸透し、誰もがスマホを駆使するようになったことで情報入手のインフラは格段に整備されました。

それ以前は「露出さえすれば売れた時代」が続いてきました。まさにプッシュ型の全盛期です。言い方を変えれば、売り手が顧客の都合を一切顧みなかった時代でもあります。買い手は、一方的に送りつけられるメッセージをただ消費するだけでした。

しかし、今はまったく違います。買い手にフィットしないものは見向きもされません。お金をかけたとしても、それだけでは売ることができなくなったのです。

選択肢は売り手ではなく買い手にあります。情報インフラが整ってきたので、努力すれば、有料サービスと同等のものを無料で手に入れることもできます。

受け手は以前、「買う」か「買わない」かを選ぶだけの存在でした。今は「お金をかける」か「無料で手に入れる」かを決められます。さらには「なぜこの会社から買わなければならないのか」まで考えられるようになりました。冷静に比較検討ができ、多様な選択肢を手に入れている。今のユーザーとはそんな存在です。

売り手は顧客がどんなステージにいるのかを把握しなければなりません。その上でそこに合ったメッセージを発し、コンテンツを作る必要があります。

人付き合いが苦手でも、ネットなら人に会わずに物が売れる

私事ですが、人付き合いが苦手です。打ち合わせや営業が何件か続くと、ぐったりしてしまいます。

けれども、捨てる神あれば、拾う神あり。今やスマホの時代です。ネットを通じて調べ物も買い物もできます。正しい戦略さえ立てられれば、ネットで物をきちんと売っていくことも可能です。

ただ、そんな私でも、話していて面白い人、気の合う人とは直で会いたいとは思います。

スマホを介したネットでのコミュニケーションが当たり前となった今、「気の合う人とだけ会えばいい」世の中が到来しました。最初から「合わなそうだな」と感じる人とは、対面を避けても何とかやっていけます。

物を売っていく上で「face to face」のコミュニケーションは今や必須のものではありません。これを「楽になった」と考えている人が結構いて、驚かされます。

対面のときに必要だったのに、ネットになったことで失われた要素、欠けている要素があまりに多すぎます。**オンラインでのコミュニケーションは決して簡単ではありません。対面のとき以上に力を入れなければならない**と肝に銘じてください。

ネットを前にしたとき、生き物としての人間が備えている「五感」のうち、常に動いているのは視覚と聴覚くらいです。対面であれば、五感はフルに稼働せざるを得ません。それぞれの感覚もより繊細に働くでしょう。例えば、肉声。大きさや高さ、トーンのそれぞれが言葉と同じようにメッセージを伝えます。ジェスチャーやボディーランゲージまで使うこともできます。

ネット経由の通信では伝達される情報の量がかなり削られています。対面よりもさらにうまく発信し、受信しないと齟齬《そご》ばかりが生じる結果になりかねません。言葉だけではないのです。画像や図解のやりとりも簡単ではありません。売り手の側の問題としては、顧客のステージに合わせた言葉遣いにも慎重になる必要があります。

繰り返しますが、ネット上では対面より情報が限られます。「楽になった」という短絡的な思考で立ち回るだけでは、決してうまくいかないでしょう。

Ｅコマースが抱えるデメリットをカバーするにはどうすればいいでしょうか。

まずは商品の詳細を伝える工夫が必要です。具体的には、モデルを起用して着用画像を載せたり、アップの写真で商品の質感が伝わるといった取り組みが欠かせません。

最近では、「ライブコマース」という手法が流行しています。生放送の動画を配信し、その中でインフルエンサーが商品を実際に試したり、着用したりして紹介するというものです。

ライブコマースでは動画の特性を生かして商品をあらゆる角度から確認できます。そのため、画像だけで商品を見るよりもイメージが湧きやすいというメリットがあります。

Ｅコマースでは対面以上に、顧客に安心して商品を買っていただく必要があります。そのため、商品説明はできるだけ分かりやすく、写真は細部まで掲載しましょう。

最近ではメルカリの登場などで、オンラインで顔が見えない人から商品を購入する機会が増えてきました。ネットショップで商品を購入するハードル自体は昔よりも下がっているといえます。

伝えるべき情報を開示して、顧客に安心感を伝えられるかどうか。この点がEコマースを成功させる鍵となります。

在庫管理や梱包、発送などは一見地味な作業。しかし、Eコマースを継続する上では欠かせない要素です。

さらには商品紹介の文言を考えたり、掲載用の写真を撮ったり――やるべきことは多岐にわたります。売り手の側には柔軟に対応する力が求められます。

商品は「誰」から買うかがとても重要

物の売り買いにおける信頼関係の大切さについては、この本の中で何度も述べてきました。商品そのものにどれだけ力があったとしても、顧客は「誰が売っているのか」「どんな会社が売っているのか」を入念にチェックします。ネットがどれだけ生活に入ってきても、私たちが人間性に依存している部分はまだ大きいのです。

少なくとも今のところ、「機械から買う」よりも「人間から買う」方が安心できる心理が優位に働いています。同じ人間から買うのであれば、少しでも信頼できる人からというのもやはり人情でしょう。ネット社会であるからこそ、生身のコミュニケーションの大切さや使いどころに配慮すべきではないでしょうか。

ネット全盛にもかかわらず、多くの人たちは「つながり」を持っていたいと考えています。スマホがこれだけ普及しても、私たちはSNSでつながっていないと、どこか不安を感じてしまいます。だからこそ、パソコンという無機質に向かっていても、その先にいる顧客の不安に寄り添うことを忘れずにいたいものです。

欲しい商品が勝手に提案される時代になった

商品やサービスをインターネット上に置いた独自運営のウェブサイトで販売する「EC（Eコマース）サイト」が依然好調です。代表格はAmazonですが、他にもオンライン書店やオンラインDVDレンタル、ネット問屋、ネット銀行（インターネットバンキング）、ネット配信など各業種に広がっています。

Amazonは顧客データを分析し、顧客に日々買い物の提案をしてきます。同社のサイトを訪れて買い物をするたびに、次に買いそうな商品がレコメンドされます。そのおすすめ商品をつい買ってしまった経験のある人も多いでしょう（Amazonは2013年に「予測発送」の特許を米国で取得し、システム開発を進めています）。

今や欲しい商品を売り手が勝手に提案してくる時代です。顧客にとっては買い物がしやすいことこの上ありません。人気商品は見つけやすいし、口コミも簡単に参照できます。さらに、おすすめ商品まで提示してくれるのです。

確かに顧客にとっては快適な環境ですが、売り手にとってはそうともいえません。顧客にとって選択肢が増えたということは、競合が多いということでもあります。その中で自社をいかに選んでもらうかが大事です。

例えば、ECサイトでオーブンを買おうとしたとします。「オーブン」で検索をかけて、1社の商品しか出てこないわけがありません。複数が並ぶのは当然でしょう。売り手にとってチャンスは増えていますが、選ばれるための競争は激化しているのです。

繰り返しますが、だからこそ「誰から買うのか？」「どの会社から買うのか？」という問いは顧客にとって切実です。売り手は自社の独自性をしっかり理解しておく必要があります。頭一つ抜け出せる個性を1つでも打ち出せれば、顧客の印象は変わってきます。

すべての会社がメディア化される時代がやってくる

自社のウェブサイトを持っているかどうかは大きな問題ではありません。問われるのは、そのサイトが「生きているかどうか」です。

「社長はどんな人物なのか」
「従業員にはどんな人がいるのか」
「昨年の新卒入社組はどんな活躍をしているのか」
「社内ではどんなイベントが行われたのか」
「商品は社外でどんな評価を得ているのか」
「どんな新商品を開発しているのか」

ある会社について「知りたい」と考えた顧客が検索をかければ、こうした情報が瞬時に列挙されます。会社の側も自社のメディアでこうした情報を発信するのに力を入れています。

これからはますますすべての会社がメディア化されていきます。業種や規模にはあまり関係ありません。「メディア化」とは、文字や動画を通じて情報が発信されるということ。個々の従業員にはメディア化を前提とした働き方が求められます。どんな顧客を相手にどんな売り方をしているのか。どんなところにやりがいを感じているのか。そうしたことを常に確認しながら動く必要があるでしょう。

誰もが「メディアオーナー」になって自分を売り出す時代

自分でウェブサイトを作る上での負荷はほとんどゼロに近づいています。各種のテンプレートが揃っており、専門的なスキルはほぼ必要ありません。どんな初心者であっても、数時間から1日かければ完成できるでしょう。慣れている人なら、15分ほどでできてしまいます。しかも、そのためのツールは無料で提供されているのです。

第8章

発信のための機会や環境はすでに整っています。動き出す意思さえあれば、自分や自社を売り出すスタートラインに立つことはいつでもできるのです。

誰もが「メディアオーナー」になって自分を売り出すことができます。言い換えれば、誰もが「クリエイター」になれるチャンスを手にしているのです。

すべての会社がオウンドメディアを持つようになれば、メディア化した会社同士での競争も熾烈《しれつ》になるでしょう。

ここでは「自社の商品やサービスを通じて、顧客の未来をいかにデザインできるか」を伝える能力が問われます。**自社の強みを掘り起こし、言語化・視覚化した上で顧客に伝える。その舞台設定自体がメディア化した企業間の優劣を決するのです。**商品・サービスの内容や機能にはそれほどの差はありません。むしろ、発信力や提案力が生き残りの鍵となっていくでしょう。

ここで大事なのはすべての人からの支持を取りにいかないこと。「欲しい顧客」と「いらない顧客」を明確化しないと、メディアの方向性はブレてしまいます。

全国民に愛されるスターはかつて存在したためしがありません。人気があればあるほど、アンチも多いのが世の常です。

人の心を揺さぶるメッセージを届けるには、送り手の側がある程度振り切れている必要があります。**対象を絞った発信を心がけましょう。**その方が結果としてより多くの人に刺さるものになります。

オウンドメディアを「学級新聞」を作る感覚で始めよう

「オウンドメディアの立ち上げ」というと、何だか肩に力が入りすぎてしまう。そんな人もいるでしょう。ある日、会社で上司から呼び出され、いきなり「君に担当してもらうから」と言い渡されたら、どうでしょうか。畑違いの部署で実績を重ねてきた人でも気後れしてしまうかもしれません。

あえて明言しておきます。オウンドメディアのスタートは誰でもできます。小学校の頃、「学級新聞」を作ったときの感覚で始めてみませんか。

第8章

オウンドメディアで記事を書く際の3つのポイント

①誰に向かって作るのか
②読んだ人はどんな感情を持つのか
③その感情を持った人はどんな行動を起こすのか

例えば、ダイエットに関する記事を準備するとしましょう。
①誰に向かって作るのか➡ダイエットに悩んでいる30代女性
②読んだ人はどんな感情を持つのか➡食物繊維が大事。でも現代人の食生活でそれを補うのは難しい
③その感情を持った人はどんな行動を起こすのか➡食物繊維が簡単に取れる食品やお茶、サプリを積極的に選ぶようになる

要するに、**読者に対して「行動の変化」を促すこと**が最大の眼目です。すべてのお役立ち記事は読者の行動を変えるために存在します。

私が新しいミッションに臨むとき、常に意識しているフレーズがあります。「Ready, fire, aim」――「構え・撃て・狙え」です。

念のため確認しておきます。「構え・狙え・撃て」ではありません。「構えたら撃つ」の気概を忘れてはいけません。

メディアは中長期にわたって継続していくものです。考えなければならないことは山ほどあります。「始められない人」の多くはここで尻込みしてしまうのです。

ただ、ここで機会を逸することのロスは計り知れません。「始められない」くらいなら、いったん始めて、何カ月か続けたあとでやめる。その方がまだましです。

もう一度言います。「構え・撃て・狙え」です。**狙う前に撃ちましょう。**

気軽に始めることが最優先。ここだけの話ですが、いつまでたっても考えていて、スタートラインに立てない人は実はたくさんいます。「撃つ」だけで、その他大勢の競合を一気に引き離して頭一つ前に出られるのです。やらない手はないでしょう。

遅くても構いません。まず歩き出しましょう。立ち止まっているのは現状維持ではありません。その時点ですでに後退です。

第8章

あとがき

貴社のストーリーを1億人に知ってもらおう

人間はストーリーから逃れられない生き物です。このことはすでにお話ししました。あなたの会社にもストーリーは必ずあります。

社員全員が大事にしている考え方。会社が現在に至るまでに経験した成功と失敗。数え切れないほどの苦労。――それらは十分に読み手の心を打つだけの力をたたえています。

ただ、あなたの胸の内にとどまり続ける限り、そのストーリーが外に向かって働きかけることはありません。文字化・視覚化して発信しなければ、ゼロです。

オウンドメディアを通じ、読者に貴社のストーリーを届けましょう。あなたの思いが届いたとき、読者の行動は必ず変化します。結果として貴社の商品やサービスが売れることにもつながるでしょう。いずれは貴社のファンが増えていきます。

コンテンツマーケティングを始めると、目の前の数字に一喜一憂しがちです。とはいえ、コンテンツマーケティングも貴社の事業の1つ。時間やお金、労力もかかっています。メルマガの登録やLINE公式アカウントの友だち追加を増やすことは確かに大事でしょう。

ただ、そうしたことにとらわれすぎると、ストーリーを届ける、人の心を動かす、行動の変化を促すといったメディア本来の目的が薄まっていきます。これではせっかくの貴社のメッセージも力を失ってしまうでしょう。

「うちの会社に伝えるべきことなんてないよ」

もしかして、そう思っていませんか。そんなことはありません。どんな会社、どんな人物だって、きちんと振り返れば、何らかのストーリーを抱えています。

私の経験に少し触れておきましょう。弊社でコンテンツマーケティングを始めて実感していることがあります。「顧客との関係が良くなった」と思える機会がこれまで以上に多くなってきたのです。

私たちは商品やサービスを「売りたい」と考えています。顧客は弊社のオウンドメディアに載った記事を読み、自分の意思や興味から主体的に選んでくださったわけです。売り手と買い手が対等な立場で出会えた。そう思えてなりません。

従来型の広告で集めた顧客に対しては、どうしても下手に出ざるを得ないところがありました。顧客とのお付き合いにもかなりエネルギーを割かれていたと思います。クレーム処理に追われていると、どうしても「顧客にお叱りを受けないためにはどうすればいいか？」といった発想に立ってしまいます。言うまでもなく、「良い商品を作ろう」「良い情報を発信しよう」と考え、動くのが本来の仕事。にもかかわらず、「注意されないためにはどう立ち回ればいいか」にばかり頭が回るようになってしまうのです。これでは負のループが生まれるだけでしょう。

コンテンツマーケティング経由の顧客はまったく違っていました。良い形で出会えた顧客に対し、「この人たちにもっと満足してもらうにはどうすればいいだろう？」「もっと喜んでもらうためには何ができるか？」と自然に思考できるようになりました。これは予期しなかった発見です。

迷っている時間はありません。１人でも多くの会社がオウンドメディアを始め、発信を続けてくれることを心から願っています。

２０２1年1月吉日

山田秀平

●著者プロフィール

山田秀平（やまだ　しゅうへい）

コピー＆マーケティング株式会社代表取締役

1986年静岡県浜松市生まれ。


24歳で起業後、世界トップクラスのマーケッターやコピーライターからビジネスを学び、年商3000万円に満たない企業をすぐに約17倍の年商5億まで成長させる。

その実績が評価され、年商100億を超える上場企業などのウェブ集客を担当するようになり、ウェブマーケティング支援で数々の実績を残してきた。

現在は、デザイン講座（講座名：DLL）やコピーライティング講座（講座名：CLL）などを開催し、時間や場所にとらわれない新しい働きかたの支援にも取り組んでいる。

出版プロデュース　株式会社天才工場　吉田浩
編集協力　潮凪洋介・片田直久
装　幀　華本達哉（aozora.tv）
組　版　GALLAP

24時間自動集客
“売れる” オウンドメディアマーケティング

2021年4月8日　第1刷発行

著　者　山田　秀平
発行者　松本　威
発　行　合同フォレスト株式会社
郵便番号 184-0001
東京都小金井市関野町 1-6-10
電話 042（401）2939　FAX 042（401）2931
振替 00170-4-324578
ホームページ　https://www.godo-forest.co.jp
発　売　合同出版株式会社
郵便番号 184-0001
東京都小金井市関野町 1-6-10
電話 042（401）2930　FAX 042（401）2931
印刷・製本　新灯印刷株式会社

ISBN 978-4-7726-6181-2　NDC 675　188×130